·大学生创新实践系列丛书·

创新思维与创造实践

胡列　胡蝶　著

Innovative Thinking and Creative Practice

清华大学出版社
北京

本书封面贴有清华大学出版社防伪标签，无标签者不得销售。
版权所有，侵权必究。举报：010-62782989，beiqinquan@tup.tsinghua.edu.cn。

图书在版编目（CIP）数据

创新思维与创造实践 / 胡列，胡蝶著. -- 北京：清华大学出版社，2025.1.
(大学生创新实践系列丛书).
ISBN 978-7-302-68060-4

Ⅰ. B804.4

中国国家版本馆 CIP 数据核字第 20258R8X14 号

责任编辑：付潭蛟
封面设计：胡梅玲
责任校对：王荣静
责任印制：刘海龙

出版发行：清华大学出版社
网　　址：https://www.tup.com.cn，https://www.wqxuetang.com
地　　址：北京清华大学学研大厦 A 座　　邮　　编：100084
社　总　机：010-83470000　　邮　　购：010-62786544
投稿与读者服务：010-62776969，c-service@tup.tsinghua.edu.cn
质　量　反　馈：010-62772015，zhiliang@tup.tsinghua.edu.cn

印 装 者：北京同文印刷有限责任公司
经　　销：全国新华书店
开　　本：185mm×260mm　　印　张：13　　字　数：301 千字
版　　次：2025 年 3 月第 1 版　　印　次：2025 年 3 月第 1 次印刷
定　　价：42.00 元

产品编号：107037-01

作者简介

胡列,博士,教授,1963年出生,毕业于西北工业大学,1993年初获工学博士学位,师从中国航空学会原理事长、著名教育家季文美大师,现任西安理工大学高科学院董事长、西安高新科技职业学院董事长。

胡列博士先后被中央电视台《东方之子》栏目特别报道,荣登《人民画报》封面,被评为"陕西省十大杰出青年""陕西省红旗人物""中国十大民办教育家""中国民办高校十大杰出人物""中国民办大学十大教育领袖""影响中国民办教育界十大领军人物""改革开放30年中国民办教育30名人""改革开放40年引领陕西教育改革发展功勋人物"等,被众多大型媒体誉为创新教育理念最杰出的教育家之一。

胡列博士先后发表上百篇论文和著作,近年分别在西安交通大学出版社、华中科技大学出版社、哈尔滨工业大学出版社、清华大学出版社、人民日报出版社、未来出版社等出版的专著和教材见下表。

复合人才培养系列丛书:	概念力学系列丛书:
高新科技中的高等数学	概念力学导论
高新科技中的计算机技术	概念机械力学
大学生专业知识与就业前景	概念建筑力学
制造新纪元:智能制造与数字化技术的前沿	概念流体力学
仿真技术全景:跨学科视角下的理论与实践创新	概念生物力学
艺术欣赏与现代科技	概念地球力学
科技驱动的行业革新:企业管理与财务的新视角	概念复合材料力学
实践与认证全解析:计算机-工程-财经	概念力学仿真
在线教育技术与创新	实践数学系列丛书:
完整大学生活实践与教育管理创新	科技应用实践数学
大学生心理健康与全面发展	土木工程实践数学
科教探索系列丛书:	机械制造工程实践数学
科技赋能大学的未来	信息科学与工程实践数学
科技与思想的交融	经济与管理工程实践数学
未来科技与大学生学科知识演进	大学生创新实践系列丛书:
未来行业中的数据素养与职场决策支持	大学生计算机与电子创新创业实践
跨学科驱动的技能创新	大学生智能机械创新创业实践
大学生复杂问题分析与系统思维应用	大学物理应用与实践
古代觉醒:时空交汇与数字绘画的融合	大学生现代土木工程创新创业实践
思维永生	建筑信息化演变:CAD-BIM-PMS融合实践
时空中的心灵体验	创新思维与创造实践
新工科时代跨学科创新	大学生人文素养与科技创新
智能时代教育理论体系创新	我与女儿一同成长
创新成长链:从启蒙到卓越	智能时代的数据科学实践

AuthorBiography

Dr. Hu Lie, born in 1963, is a professor who graduated from Northwestern Polytechnical University. He obtained his doctoral degree in Engineering in early 1993 under the guidance of Professor Ji Wenmei, the former Chairman of the Chinese Society of Aeronautics and Astronautics and a renowned educator. Dr. Hu is currently the Chairman of the Board of Directors of The Hi-Tech College of Xi'an University of Technology and the Chairman of the Board of Directors of Xi'an High-Tech University. He has been featured in special reports by China Central Television as an "Eastern Son" and appeared on the cover of "People's Pictorial" magazine. He has been recognized as one of the "Top Ten Outstanding Young People in Shaanxi Province" "Red Flag Figures in Shaanxi Province" "Top Ten Private Educationists in China" "Top Ten Outstanding Figures in Private Universities in China" "Top Ten Education Leaders in China's Private Education Sector" "Top Ten Leading Figures in China's Private Education Field" "One of the 30 Prominent Figures in China's Private Education in the 30 Years of Reform and Opening Up" and "Contributor to the Educational Reform and Development in Shaanxi Province in the 40 Years of Reform and Opening Up" among others. He has been acclaimed by numerous major media outlets as one of the most outstanding educators with innovative educational concepts.

Dr. Hu Lie has published over a hundred papers and books. In recent years, his monographs and textbooks have been published by the following presses: Xi'an Jiaotong University Press, Huazhong University of Science and Technology Press, Harbin Institute of Technology Press, Tsinghua University Press, People's Daily Press, and Future Press. The details are listed in the table below.

Composite Talent Development Series:	**Conceptual Mechanics Series:**
Advanced Mathematics in High-Tech Science and Technology	Introduction to Conceptual Mechanics
Computer Technology in High-Tech Science and Technology	Conceptual Mechanical Mechanics
College Students' Professional Knowledge and Employment Prospects	Conceptual Structural Mechanics
The New Era of Manufacturing: Frontiers of Intelligent Manufacturing and Digital Technology	Conceptual Fluid Mechanics
Panorama of Simulation Technology: Theoretical and Practical Innovations from an Interdisciplinary Perspective	Conceptual Biomechanics
Appreciation of Art and Modern Technology	Conceptual Geomechanics
Technology-Driven Industry Innovation: New Perspectives on Enterprise Management and Finance	Conceptual Composite Mechanics
Practical and Accredited Analysis: Computing-Engineering-Finance	Conceptual Mechanics Simulation
Online Education Technology and Innovation	**Practical Mathematics Series:**
Comprehensive University Life: Practice and Innovations in Educational Management	Applied Mathematics in Science and Technology
College Student Mental Health and Holistic Development	Applied Mathematics in Civil Engineering
Science and Education Exploration Series:	Applied Mathematics in Mechanical Manufacturing Engineering
The Future of Universities Empowered by Technology	Applied Mathematics in Information Science and Engineering
The integration of technology and thought	Applied Mathematics in Economics and Management Engineering
Future Technology and the Evolution of University Student Disciplinary Knowledge	**College Student Innovation and Practice Series:**
Data Literacy and Decision Support in Future Industries	College Students' Innovation and Entrepreneurship Practice in Computer and Electronics
Skill Innovation Driven by Interdisciplinary Approaches	College Students' Innovation and Entrepreneurship Practice in Intelligent Mechanical Engineering
Complex Problem Analysis and Applied Systems Thinking for University Students	University Physics Application and Practice
Ancient Awakenings: The Convergence of Time, Space, and Digital Painting	College Students' Innovation and Entrepreneurship Practice in Modern Civil Engineering
Mind Eternal	Evolution of Architectural Informationization: CAD-BIM-PMS Integration Practice
Mind Experiences Across Time and Space	Innovative Thinking and Creative Practice
Interdisciplinary Innovation in the Era of New Engineering	Cultural Literacy and Technological Innovation for College Students
Innovative Educational Theories and Systems in the Intelligent Era	Growing Up Together with My Daughter
The Innovation Growth Chain: From Enlightenment to Excellence	Data Science Practice in the Age of Intelligence

胡蝶，1990 年出生于西安，博士。清华大学文学学士，伦敦政治经济学院理学硕士和斯坦福大学文学硕士，加利福尼亚大学洛杉矶分校（UCLA）哲学博士（高等教育与组织变革专业）。曾获"首都大学生社会实践先进个人"称号，获斯坦福大学奖学金、加利福尼亚大学洛杉矶分校奖学金、博士毕业论文奖学金、国家优秀留学生奖学金。曾在香港大学访学，在清华大学从事博士后研究，入选"水木学者"高层次人才项目，任多部顶尖 SSCI 期刊审稿人。入选 2023 年度陕西高校"优秀青年人才支持计划"。

研究领域包括高等工程教育、文献计量学、大数据研究、国际比较教育等。主持或参与多项国家级和省部级课题及大型国际合作课题。在 SSCI 期刊和 CSSCI 期刊发表多篇高水平中英文学术论文，出版专著 8 部，获专利 7 项，受邀在牛津大学、曼彻斯特大学、清华大学等世界一流大学及重要国际学术会议上作主题发言。积极参与资政工作，多篇政策专报受到教育部批示。

现任西安理工大学高科学院执行董事、泾河校区校长，数据科学研究院院长，陕西博龙实业有限公司董事、总经理，西安树人网络科技有限公司创始人、董事长。从事数据科学及大数据产品研发、线上教学平台、开放课程研发等工作。

丛 书 序

在这个充满变革的新时代，创新成了推动科学、技术与社会发展的核心动力。作为一位长期从事教育工作的院士，我对于推动创新教育的重要性有着深刻的认识。胡列教授编写的"大学生创新实践系列丛书"，以其全面深入的内容和实践导向的特色，为我们呈现了一个关于如何将创新融入教育和生活的精彩蓝图。

该系列丛书从《大学生计算机与电子创新创业实践》开始，直观展示了在计算机科学和电子工程领域中，理论与实践如何结合，推动了技术的突破与应用。接着，《大学生智能机械创新创业实践》与《大学物理应用与实践》进一步拓展了我们的视野，展现了在机械工程和物理学中，创新思维如何引领技术发展，解决实际问题。同时，《智能时代的数据科学实践》介绍了数据科学在智能时代的应用，结合深度学习、人工智能等技术，通过案例展示其在金融、医疗、制造等领域的潜力，帮助读者提升创新能力。

更进一步，《大学生现代土木工程创新创业实践》与《建筑信息化演变》让我们见证了土木工程和建筑信息化在当今社会中的重要性，以及它们如何通过创新实践，促进了建筑领域的革新。

在《创新思维与创造实践》和《大学生人文素养与科技创新》中，胡列教授通过探讨创新思维与人文素养的关键作用，展示了如何在快速发展的科技时代中，保持人文精神的指引和多元思维的活力。《创新思维与创造实践》不仅跳出了具体技术领域的局限，强调了创新思维的力量及其在跨学科问题解决中的应用；而《大学生人文素养与科技创新》则强调了人文素养在激发创新思维、推动技术进步中的独特价值，鼓励读者在追求科技进步的同时，不忘人文关怀。

在《我与女儿一同成长》中，胡列教授用自己与女儿的成长故事，向我们展示了教育、成长与创新之间的紧密联系。这不仅是一本关于个人成长的书，更是一本关于如何在生活中实践创新的指导书。

通过胡列教授的这套丛书，我们不仅能学习到具体的技术和方法，更能领会到创新思维的重要性和普遍适用性。这套丛书对于任何渴望在新时代中取得进步的学生、教师以及所有追求创新的人来说，都是一份宝贵的财富。

因此，我特别推荐"大学生创新实践系列丛书"给所有人，特别是那些对创新有着无限热情的年轻学子。让我们携手，一同在创新的道路上不断前行，为构筑一个更加美好的未来而努力。

杜彦良

中国工程院院士

国家科技进步奖特等奖 2 项、一等奖 1 项

国家教学成果奖一等奖 1 项

2024 年 9 月

前 言

在这个知识爆炸和技术日新月异的时代,创新已成为推动科技前行的强大引擎,同时也是驱动社会持续进步的核心动力。本书旨在深入探讨创新与创造在现代社会和科技飞速发展中发挥的关键作用。本书特别强调,处于全球化浪潮和中国科技转型大背景下,创新与创造的重要性不容小觑。

本书的目标读者群体广泛,包括大学生、教师、创业者以及科技工作者等,我们期望能够引导大家认识到创新思维的价值,帮助他们培养出既能创新又能实践的素养。通过引入丰富的国内外案例和实践示例,本书不仅旨在阐释理论观点,更希望提供实用的参考和启发,以激发读者创新的热情和创造的潜能。

我们将特别探讨创新思维在个人成长、企业发展乃至解决社会复杂问题和推动可持续发展目标实现中的独特价值。本书描述的是一个从理念孕育到实践应用,进而向社会贡献价值的完整旅程。我们将引导读者理解这一过程的连贯性与相互作用,并鼓励大家在这个旅程上勇往直前。

为了充分挖掘本书的潜力,发挥它的价值,我们建议读者按顺序阅读,并特别关注案例分析部分,积极参与到相关的实践活动中。我们鼓励每位读者在阅读本书的同时,积极思考,并将书中介绍的概念和策略应用到自己的学习、工作和生活实践中。

通过本书,我们希望能够激励每一位读者,无论是学生、教师、企业家还是科研人员,都能认识到自己拥有的创新与创造力量的潜力。在探索与学习的旅程中,让我们携手共创更加美好的未来。

作为"大学生创新实践系列丛书"中的关键一环,本书专注于深化读者对创新思维与创造实践密切关系的理解,致力于为读者铺展一条清晰的从理论探索到实践应用的路径。系列丛书中的其他作品,如《大学生计算机与电子创新创业实践》《大学生现代土木工程创新创业实践》及《大学生智能机械创新创业实践》,更侧重于具体的创新创业项目案例实践,通过生动的实例展示如何将创新思维转化为具体的创造成果。阅读这些书籍,读者将能够获得对创新思维和创造实践的深刻理解,进一步促进个人的创新能力和实践技能的发展。

胡列
2024 年 2 月

目 录

引言 1

第 1 部分 创新思维的认识与培养

第 1 章 创新思维的基础 9
1.1 创新思维的定义 9
1.2 创新思维与传统思维的区别 11
1.3 创新思维的价值 13
1.4 案例研究：历史上的创新者 15
1.5 理论与实践：从定义到动作 17
思考题 19

第 2 章 培养创新思维的策略 21
2.1 批判性思维与创造性思维 21
2.2 创新解决问题的方法 23
2.3 跨学科学习与思维交叉 26
2.4 案例研究：创新解决方案的实例 29
2.5 培养创新思维的实践建议 32
思考题 35

第 3 章 创新思维的实践与挑战 36
3.1 成功的创新思维案例分析 36
3.2 面对失败与挑战的创新思维 38
3.3 创新思维在团队中的应用 40
3.4 从实践到反思：创新思维的持续发展 42
思考题 45

第 2 部分 从创新思维到创业素质

第 4 章 创新与创业的相互促进 … 49
- 4.1 创新思维与创业精神的联系 … 49
- 4.2 创新思维在创业过程中的应用 … 53
- 4.3 培养创业所需的创新素质 … 55
- 思考题 … 58

第 5 章 培养创业素质的途径 … 60
- 5.1 创业教育的角色 … 60
- 5.2 从创意到市场：创业项目的实施步骤 … 63
- 5.3 风险管理与资源整合 … 66
- 5.4 反思与实践：持续改进的路径 … 69
- 思考题 … 72

第 6 章 创业案例分析 … 73
- 6.1 成功的大学生创业案例 … 73
- 6.2 失败案例分析与教训 … 75
- 6.3 跨国创业案例的比较分析 … 78
- 6.4 综合讨论：创业路径的多样性 … 81
- 思考题 … 84

第 3 部分 科技创新与研发能力

第 7 章 科技创新的过程与方法 … 87
- 7.1 理解科技创新的本质 … 87
- 7.2 研发创新的流程 … 88
- 7.3 技术创新与产品开发 … 91
- 7.4 增强科技创新能力的实践策略 … 94
- 7.5 深入案例研究 … 96
- 思考题 … 98

第 8 章 培养科技研发的能力 … 100
- 8.1 科研项目管理 … 100
- 8.2 科技道德与可持续发展 … 102
- 8.3 团队合作与领导力 … 105

8.4　增强研发能力的实践策略 ·············· 108
　　思考题 ······································ 111

第9章　科技创新案例分析 ·············· 112
　　9.1　突破性科技创新的全球案例 ·············· 112
　　9.2　中国科技转型中的成功项目 ·············· 114
　　9.3　科技创新与社会发展的关系 ·············· 117
　　9.4　反思与未来展望 ······················ 119
　　思考题 ······································ 122

第4部分　为行业作出贡献

第10章　行业需求与创新机遇 ············ 125
　　10.1　理解行业动态 ························ 125
　　10.2　识别创新机遇 ························ 128
　　10.3　深入分析行业需求 ···················· 130
　　10.4　未来趋势与挑战 ······················ 133
　　思考题 ······································ 136

第11章　创新项目的实施与管理 ·········· 138
　　11.1　项目规划的重要性 ···················· 138
　　11.2　项目执行与监控 ······················ 140
　　11.3　团队管理与创造性思维 ················ 143
　　11.4　项目风险管理与应对策略 ·············· 146
　　思考题 ······································ 148

第12章　从创新到创造的转化 ············ 150
　　12.1　理解创新与创造的关系 ················ 150
　　12.2　创造性思维在项目实施中的应用 ········ 151
　　12.3　创造在科技、社会和文化中的应用 ······ 154
　　12.4　创造性成果的评估与影响 ·············· 157
　　思考题 ······································ 160

第5部分　创造性思维与社会影响

第13章　创造性思维在解决社会问题中的应用 ··· 163
　　13.1　创造性思维的社会应用概述 ············ 163

13.2 解决复杂社会问题的创造性案例 ································· 165
13.3 创新与创造在社会企业和非营利组织中的应用 ··············· 167
13.4 推动社会变革的创造性思维 ······································ 170
思考题 ·· 172

第 14 章 创新创造在中国科技和工业转型中的作用 ················ 174

14.1 创新创造与中国科技转型 ·· 174
14.2 创新创造与中国工业升级 ·· 176
14.3 大学生在科技创新与工业创造中的作用 ······················ 177
思考题 ·· 179

第 15 章 创新创造在推动中国可持续发展中的应用 ················ 181

15.1 创新创造与可持续发展目标 ····································· 181
15.2 创新解决方案与环境保护 ·· 183
15.3 创新创造在能源转型中的应用 ·································· 185
15.4 社会责任与企业创新 ·· 186
思考题 ·· 188

参考文献 ··· 190

结语 创新到创造的旅程及其深远影响 ································ 191

引 言

在这个快速演变的时代，创新与创造已成为驱动个人发展、企业增长乃至社会进步的核心力量。《创新思维与创造实践》是一本旨在挖掘读者内在潜力、引发深思，并指导他们将思维转化为行动的著作。它深入探讨了如何通过培育创新思维和实施创造行动，在个人成就、行业革新和社会变革等各个层面产生深远影响。

本书主题覆盖了创新与创造的整个过程：从理解创新思维的精髓，到将这种思维转化为具体的实践成果，再到这些成果如何在个人生活、行业发展和社会改造中发挥作用。通过全方位分析和丰富的案例，本书为读者提供了一个从想法到行动的清晰路径。

它的目的在于激励读者打破传统框架，探索创新的无限可能。通过展示创新成功案例和实用策略，本书旨在激发读者寻找创新机会、培育创新能力，并将这些能力应用于解决实际问题，以实现个人成长和为社会做出贡献。

创新与创造的重要性是显而易见的。当前全球化和技术进步的背景下，经济、社会和环境等多重挑战并存，创新与创造成为引领未来的关键。对个体来说，掌握创新和创造技能意味着能更好地适应变化，解决问题，实现自我价值。对企业来说，创新是维持竞争优势、探索新市场的关键。对社会来说，创新与创造提供了解决复杂问题的新视角和新方法，是推进可持续发展的重要动力。

通过《创新思维与创造实践》，读者将深入理解创新与创造的精神，学习如何在生活和工作中应用创新思维，并被鼓励去勇敢追求那些能够改变世界的创意。

在当今社会和科技的快速转型中，创新与创造扮演着至关重要的角色。随着全球化的深入发展和科技进步的日新月异，我们面临着前所未有的挑战和机遇。从环境保护到公共健康，从教育改革到新能源开发，几乎每一个社会问题和发展机遇背后，都离不开创新思维的推动和创造实践的支持。

社会转型中，创新与创造不仅解决了一些长期存在的难题，还提供了推进社会公正、增进公共福祉的新途径。通过创新社会企业模式和公益项目，我们看到了解决贫困、教育不均衡等问题的新希望。创新项目如远程医疗服务、在线教育平台等，正在缩小城乡、贫富之间的差距，使更多人受益于科技进步带来的便利。

科技转型中，创新与创造驱动了新技术的发展和应用，特别是在人工智能、大数据、物联网和可持续能源等领域。这些技术的进步不仅极大地提升了生产效率和生活质量，也为环境保护和资源节约提供了有效工具。更重要的是，创新技术正塑造着未来社会的形态，预示着一个更加智能、更加绿色、更加包容的未来。

然而，创新与创造的旅程充满挑战，需要跨学科知识的融合、团队合作的精神，以及不畏失败的勇气。在这个过程中，每个人都是潜在的创新者和创造者。无论是科学家在实验室中的突破、企业家在市场上的创新，还是公民在社区中的小改变，都是推动社会和科技转型的重要力量。

因此，本书强调，面对快速变化的世界，我们不能满足于现状，应不断探索、学习和实践，通过创新与创造来解决问题，开拓未来。本书旨在启发读者认识到自己的潜力，鼓励大家积极参与到这个创新与创造的旅程中，共同为构建一个更加美好的世界贡献力量。

在全球范围内，我们正处于一个科技迅速发展和转型的时代。这个时代的标志包括信息技术的全球普及、人工智能和机器学习的飞速进步，以及生物技术和可持续能源技术的重大突破。这些技术的发展不仅重塑了经济和社会的运作方式，也对个人的生活方式和工作模式产生了深远影响。

特别是科技转型的步伐尤为显著。中国已经从一个追赶者变成多个关键科技领域的领跑者。在移动支付、电子商务、数字经济和智能制造等方面，中国的创新实践已经走在了世界前列。同时，中国政府高度重视科技创新，将其视为国家发展战略的核心部分，并通过政策支持、资金投入和国际合作，加速科技创新和产业升级的进程。

这一时代背景下的科技转型，既提供了前所未有的机遇，也带来了十分艰巨的挑战。机遇在于，科技创新为解决人类面临的诸多问题提供了可能性，从气候变化到医疗健康，从教育平等到资源管理，科技的力量被寄予厚望。挑战则在于，技术发展的速度和范围可能导致社会不平等的加剧、就业结构的变化，以及新的伦理和安全问题。

在这样一个背景下，创新与创造成为推动科技发展和解决社会问题的关键。通过不断探索新的科技前沿、开发新的产品和服务，以及创新商业模式和社会实践，创新与创造不仅能够促进科技的进步，也能够引导科技发展更好地满足社会需求和服务于人类福祉。这一过程尤为突出，国家的科技创新战略和企业的创新活动共同推动了国家在全球科技竞争中地位的提升，同时也为社会和经济发展开辟了新的路径。

创新与创造在促进科技发展和社会进步中发挥着至关重要的作用。它们不仅是推动经济增长和技术进步的引擎，也是解决社会挑战、提升生活质量和实现可持续发展目标的关键。

创新与创造促进科技和社会发展的具体方面

推动技术革新：创新是科技发展的直接动力。新理论的提出、新技术的发明、新材料的开发等，都是科技创新的体现。例如，人工智能、量子计算和基因编辑技术的发展，都依赖于创新思维和实验的勇气。

加速技术应用：创造不仅停留在技术的发明上，更重要的是将这些技术转化为实际应用，解决现实问题。通过创新的商业模式和服务设计，新技术得以在医疗、教育、交通等领域快速应用，极大地提升了服务效率和质量。

促进跨学科融合：在当今科技高度发展的背景下，许多重大的科技突破发生在不同学科的交叉融合中。创新与创造鼓励跨领域的合作，促进了科技的综合发展。

解决社会问题：创新与创造为解决全球性挑战提供了新的思路和手段。无论是应对气候变化，促进能源转型，还是提高食品安全和公共卫生水平，创新的解决方案都在发挥着重要作用。

提升生活质量：科技创新直接影响人们的生活方式和生活质量。从智能家居到在线教育，从智能医疗到绿色出行，创新技术使人们的生活更加便捷、健康和可持续。

促进经济转型：创新与创造推动了新产业的兴起和传统产业的升级。数字经济、绿色经济和共享经济等新兴经济模式的发展，为经济增长提供了新的动力，同时也为社会提供了更多就业机会。

增进社会包容性：通过创新的社会企业和项目，创新与创造在增进社会包容性、减少不平等方面也扮演着重要角色。例如，通过移动互联网为偏远地区提供教育和医疗资源，为弱势群体创造就业和增收机会。

总之，创新与创造是驱动科技发展和社会进步的重要引擎。它们不仅塑造了当代社会的面貌，也为未来的世界描绘了无限的可能性。面对全球性的挑战和机遇，培育创新精神、鼓励创造实践，对于任何国家和社会都是至关重要的。

目标与预期读者

本书的主要目标在于帮助读者深入理解创新思维的本质，掌握培养这种思维的方法，并通过具体实践加以应用，最终具备创新创业的素质以及科技创新与研发的能力。本书旨在激发读者的创新潜力，提供实用的工具和策略，以及分享成功案例，从而促进个人职业发展和社会进步。

具体目标

认识创新思维：介绍创新思维的定义、特征和价值，帮助读者理解创新在当今社会中的重要性。

培养创新素质：提供有效的方法和技巧，引导读者培养和提升创新思维，包括批判性思维、解决问题的能力和跨界融合的视野。

创新实践：通过实际案例和练习，鼓励读者将创新思维应用于个人生活、学术研究和职业发展中，实现创新的想法和项目。

创新创业素质：探讨如何将创新思维转化为创业行动，包括识别商机、开发产品/服务、市场策略等。

科技创新与研发：介绍科技创新的流程和策略，以及如何在科研项目中应用创新方法，推动技术进步和应用。

预期读者群体

大学生：正在探索职业道路和未来方向的学生，希望通过培养创新思维和实践能力，为未来的学术研究或职业生涯打下坚实基础。

教师：希望在教学和指导学生过程中，融入创新教育理念和方法，激发学生的创新潜力。

创业者：正在或计划启动新的商业项目的个人，寻求创新策略和灵感，以提高项目的成功率和市场竞争力。

科技工作者：从事科研、产品开发和技术创新的专业人士，期待通过创新思维推动科技进步和应用。

本书为这些读者提供了一套全面的分析框架和工具，旨在促进创新能力的发展。无论是在学术领域、商业世界还是科技研发中，它们都能发挥重要作用。我们预期读者通过阅读本书将获得宝贵的知识和灵感，为实现个人梦想和社会价值做好准备。

创新思维对于大学生的学习、职业发展以及企业成长具有不可或缺的作用，它是推动个人和组织在快速变化的环境中持续成长和不断适应的关键因素。

对大学生学习和职业发展的作用

学习过程中的创新思维：对大学生而言，创新思维不仅能够激发学习兴趣，还能够促进深度学习批判性思考。通过培养创新思维，学生能够更好地理解复杂概念，将理论知识与实际问题联系起来，从而提高解决问题的能力。此外，创新思维鼓励学生跨学科学习，拓宽知识视野，为未来的多元化职业道路发展奠定基础。

职业发展中的创新思维：在职业发展方面，创新思维使大学生能够在就业市场上脱颖而出。在求职过程中，具备创新能力的毕业生更能吸引雇主的注意，因为他们能够为组织带来新的想法和解决方案。在职业生涯中，创新思维也是个人适应职位变化、掌握新技能和推动职业成长的重要驱动力。面对行业的快速变化和未来工作的不确定性，创新思维能够帮助个人预见变化、主动适应并寻找新的机会。

对企业成长的作用

推动企业创新：在企业层面，创新思维是驱动产品、服务和商业模式创新的核心。企业通过鼓励创新思维，能够不断优化和革新，适应市场的变化和满足消费者的需求。这种不断追求创新的文化能够帮助企业保持竞争优势，实现可持续发展。

促进组织变革：创新思维还能够推动企业文化和组织结构的变革，使企业更加灵活、开放和适应未来。通过培育创新思维，企业能够鼓励员工积极参与创新活动，构建更加协作和支持创新的工作环境。

创新思维在解决复杂问题和实现可持续发展目标中扮演了至关重要的角色。在面对全球性挑战如气候变化、资源枯竭、社会不平等和健康危机时，传统的思维模式和解决方案往往难以奏效。这时，创新思维成为寻找新的解决方案、应对这些挑战的关键。

解决复杂问题

创新思维鼓励人们跨越常规思维界限，探索问题的根本原因和潜在解决方案。它促使我们采用多学科、跨领域的视角来审视问题，从而识别出非传统的解决路径。通过创新思维，我们可以将不同领域的知识和技术相结合，发掘出独特且有效的方法来应对社会和环境问题。例如，利用大数据和人工智能技术来优化能源使用，提高农业产出效率，或是通过绿色建筑设计减少能源消耗，这些都是创新思维应用的实例。

实现可持续发展目标

可持续发展目标（SDGs）旨在解决全球最紧迫的社会、经济和环境问题，实现这些目标需要创新思维的全方位应用。创新思维不仅可以帮助我们开发出更环保的技术和产品，还能推动社会制度和政策的改革，促进经济的绿色转型，提升社会的公平和包容性。

例如，创新金融解决方案来支持小型农户，可以同时促进农业可持续发展和减少贫困；发展循环经济模型，不仅可以减少废物和污染，还能创造新的经济增长点。

创新思维还有助于加强社区的参与和协作，通过动员各方力量共同寻找和实施解决方案，增强可持续发展措施的有效性和广泛性。这种从下而上的创新过程，能够确保可持续发展目标的实现更贴近实际需求，更具包容性和公平性。

总之，创新思维是推动社会进步和实现可持续发展的关键。它不仅能够帮助我们以新的视角理解和解决复杂问题，还能够驱动社会向更加绿色、公平和包容的方向发展。在当今这个充满挑战和机遇的时代，培养和应用创新思维，对于个人、组织乃至整个社会而言，都是实现长期繁荣和可持续发展的必由之路。

从创新到创造的旅程

《创新思维与创造实践》将带领读者深入探索从创新思维的认识与培养，到创业素质的发展，再到科技创新与研发能力的提升，以及最终为行业和社会做出贡献的完整旅程。这一旅程不仅涉及理论知识的学习和个人能力的提升，还包括将创新理念应用于实际操作中，通过创造实践来解决实际问题，推动社会进步和可持续发展。

创新思维的认识与培养：旅程的起点是对创新思维的深入理解和认识。本书将探讨创新思维的定义、特征和重要性，并提供具体的策略和方法来培养这种思维方式。这不仅包括培养批判性思维和提升解决问题的技巧，还涵盖了如何培育好奇心、开放性和冒险精神等创新思维的关键要素。

创业素质的发展：本书将引导读者理解创新思维与创业精神之间的联系，并探讨如何将创新思维转化为创业行动。它包括如何识别商机、开发创新产品或服务、制定有效的商业模式和市场策略等，以及如何面对创业过程中的挑战和失败。

科技创新与研发能力：在科技快速发展的今天，创新不仅局限于商业领域，还广泛应用于科学研究和技术开发中。本书将介绍科技创新的过程、方法和最佳实践，包括如何进行科研项目管理、技术开发和产品创新等，以及如何利用创新思维推动技术进步和应用。

为行业和社会做出贡献：本书将探讨创新和创造如何为行业发展和社会进步做出贡献。这不仅涉及经济增长和技术创新，还包括如何通过创新解决方案应对社会挑战、促进公平和包容性增长，以及实现可持续发展目标。

本书强调了从创新到创造旅程的连续性和互动性。创新思维的培养是基础，创业素质的发展和科技创新能力的提升是过程，为社会和行业做出贡献是目标。这一过程中，理论与实践相结合，个人发展和社会进步相互促进，展现了创新与创造在当代社会中的重要作用和深远影响。通过这一旅程，读者将获得宝贵的知识和技能，为在复杂多变的世界中取得成功和实现自我价值提供了坚实的基础。

案例与实例的重要性

在《创新思维与创造实践》中，我们深知理论知识的重要性，但同样认识到了通过国内外案例和实例来阐释理论和观点的价值。因此，本书将使用大量精选的案例和实例，旨在将抽象的概念具体化，使理论知识生动、易懂，同时为读者提供实际操作的参考。

加深理解：案例和实例能够帮助读者更深入地理解创新和创造的概念、流程和影响。

通过具体的故事和场景，读者可以看到理论在实际中的应用和效果，从而加深对概念的理解和记忆。

　　启发思考：精心挑选的案例不仅展示了成功的经验，也包含了失败的教训。这些故事可以激发读者的思考，促使他们反思何种因素会导致创新成功或失败，以及如何将这些经验应用到自己的实践中。

　　提供解决方案：面对复杂的挑战时，案例和实例提供了解决问题的具体策略和方法。读者可以从中获得灵感，学习如何在自己面临的情境中寻找和实施创新的解决方案。

　　增强信心：了解他人在创新和创造过程中的成功故事，可以增强读者的信心和动力。尤其是当案例涉及与读者背景相似的个人或组织时，这种效果尤为显著。

对大学生学习的实践价值和启发性

　　对于大学生而言，案例和实例尤其重要。它们不仅丰富了学习内容，也提供了将理论知识应用于实践的桥梁。通过学习和讨论案例，大学生可以培养自己解决实际问题的能力，提高创新思维和批判性思维能力。这些案例还能激发学生的创业灵感和科技创新的兴趣，为他们未来的职业生涯或创业道路提供指导和启发。

　　总之，案例和实例在本书中扮演着极为重要的角色。它们不仅使理论知识更加生动和实用，还为读者特别是大学生提供了宝贵的学习资源和灵感源泉，具有极高的实践价值和启发性。通过这些生动的案例学习，我们希望读者能够将从书中获得的知识和灵感转化为实际行动，成为未来创新和创造的引领者。

　　翻开《创新思维与创造实践》的每一页，你们不仅是在探索创新与创造的广阔领域，更是在开启一段个人转变与成长的旅程。我们特别鼓励大学生——处在人生和职业规划关键时期的你们——把握这一机遇，积极踏上这个从创新到创造的旅程。在这一过程中，你们将学会如何观察世界，提出问题，寻找解决方案，并将其实现和优化。

　　请记住，创新和创造不仅是为了解决手头的问题或是推动技术的发展，它们更是一种推动个人成长、社会进步和文化繁荣的力量。每个人都拥有成为创新和创造驱动力的潜能，关键在于敢于梦想、勇于尝试、不畏失败。

　　在旅程中，你可能会遇到挑战和困难，但请将它们视为成长的机会。每一次尝试，无论成功与否，都是一次宝贵的学习经历。创新的路上，你并非孤单一人，将与志同道合的伙伴们一起探索、分享和成长。

　　让我们以开放的心态，迎接未知的挑战，用创新的思维和创造的行动，为自己的生活、为我们共同的世界带来积极的变化。无论你身处何地，梦想是什么，要始终相信自己有能力成为改变世界的一股力量。

　　让创新与创造成为你的生活方式，让好奇心引领你探索未知，让热情激励你不断前行。现在，就让我们一起踏上这段激动人心的旅程，开启创新创造的新篇章吧！

第 1 部分

创新思维的认识与培养

第 1 章 创新思维的基础

1.1 创新思维的定义

1.1.1 概念介绍

创新思维，作为推动社会进步和科技发展的关键力量，被广泛认为是在传统思维模式之外寻找新的解决方案、创意和方法的能力。它不仅是创造新产品或发明新技术的过程，更是一种挑战现状、颠覆常规和探索未知的思维方式。在当今快速变化的世界中，创新思维成为个人、组织乃至国家实现持续成长和提升竞争力的关键。

在中国的社会中，创新思维的重要性尤为突出。随着中国经济的快速发展和全球化进程的加速，中国正处于转型升级的关键时期。从制造大国向制造强国的转变，要求整个社会特别是年青一代能够培养和展现出更高水平的创新思维能力。这不仅关乎技术创新，更涵盖了管理创新、商业模式创新等多个层面。

具体而言，创新思维体现在以下几个方面。

（1）问题解决能力：创新思维能够帮助人们以全新的视角审视问题，找到传统方法无法解决的创造性解决方案。

（2）跨界整合能力：在多学科知识日益融合的今天，创新思维鼓励跨领域的知识整合，通过不同领域的相互启发产生新的创意。

（3）快速适应与学习能力：在快速变化的环境中，创新思维意味着能够快速适应新情况，不断学习和更新知识与技能。

中国的案例中，创新思维的力量已经得到了广泛的体现。例如，华为公司通过不断的技术创新和管理创新，已经成为全球领先的信息与通信技术（ICT）解决方案提供商。再如，阿里巴巴集团通过创新电子商务平台，不仅改变了中国乃至全球的购物方式，也促进了中国乡村经济的发展和数字经济的腾飞。

这些成功的案例表明，创新思维不仅能够推动企业的发展，也能促进社会的进步和文化的创新。因此，深入理解和培养创新思维，对于每个人、每个组织乃至整个国家而言，都具有重要的现实意义和深远的战略价值。

1.1.2 创新思维的关键特征

创新思维不仅仅是一个抽象的概念，它具有一些明确的关键特征。这些特征共同构成创新思维的核心。理解这些特征对于培养和实践创新思维至关重要。

（1）开放性：创新思维要求个体保持开放的心态，愿意接受新的想法和不同的观点。

这种思维方式鼓励探索未知领域，不受传统思维模式的限制。

（2）好奇心：好奇心是创新思维的驱动力之一。对世界的好奇和对知识的渴望，促使个体不断提出问题，并寻找解决这些问题的新方法。

（3）批判性思考：批判性思考使个体能够分析和评估现有的想法与解决方案，从而识别其潜在的弱点和局限性。这是创新过程中不可或缺的一环，有助于提高解决方案的有效性和实用性。

（4）容忍失败：创新过程往往伴随着尝试和失败。能够容忍失败并从中学习，是创新思维的重要特征。这种特征鼓励个体不断尝试新的方法，即使面对挫折，也不轻易放弃。

（5）跨界融合：创新往往发生在不同领域和知识的交汇处。创新思维促使个体跨越学科边界，整合不同领域的知识和技能，从而产生全新的见解和解决方案。

（6）持续学习：在不断变化的世界中，持续学习是保持创新能力的关键。创新思维的个体不满足于现状，总是努力更新自己的知识库和技能集，以适应新的挑战和机遇。

（7）协作与沟通：虽然创新思维往往起始于个人，但真正的创新需要团队合作和有效沟通。协作能力使得不同背景和专长的个体能够共同工作，通过沟通和讨论产生更加全面和深入的创新解决方案。

在个人和团队中培养这些关键特征，人们可以有效地提升创新能力，促进创新思维的发展。随着教育体系和企业文化越来越重视这些创新特质，我们见证了越来越多的创新案例和成功故事，这些都是创新思维关键特征在实践中的具体体现。

1.1.3　创新者的心态和行为模式

创新者的心态和行为模式是推动创新发生的关键因素，它们定义了创新者如何观察世界、思考问题以及采取行动。以下是创新者常见的心态和行为模式。这些特质不仅对个人创新能力的提升至关重要，也对团队和组织创造力的培养有着深远影响。

（1）成长心态：创新者通常持有成长心态，相信能力和智力可以通过努力得到发展。这种心态使他们面对挑战时更加坚韧，能够从失败中学习并持续成长。

（2）好奇与探索：创新者总是对周围世界充满好奇，他们渴望探索未知，寻找新的可能性。这种对探索的渴望驱动他们不断尝试和实验，以发现新的知识和解决方案。

（3）勇于冒险：创新往往伴随着风险，创新者愿意冒险尝试新事物，即使这可能导致失败。他们认识到，只有勇于冒险，才能实现突破性的创新。

（4）接受并利用失败：与普通思维模式不同，创新者将失败视为学习和成长的机会。他们不畏惧失败，而是从失败中吸取教训，将其视为未来成功的垫脚石。

（5）跨界思维：创新者往往不局限于单一领域或学科，而是能够跨界整合不同领域的知识和思想。这种跨界思维有助于他们在看似不相关的领域之间发现连接点和创新机会。

（6）协作共创：成功的创新往往需要团队合作。创新者擅长与他人协作，能够激发团队的集体创造力，共同解决复杂问题。

（7）持续改进：创新者不满足于现状，总是寻求改进和优化。他们对自己的创新成果持续进行反思和评估，寻找提升和改进的机会。

随着社会和经济的快速发展，越来越多的创新者涌现出来，他们在不同领域展现了这些心态和行为模式，推动了科技创新、社会创新和文化创新的发展。无论是在高科技产业、教育改革，还是在社会组织中，这些创新者通过他们独特的思考和行动方式，为社会带来了积极的变化和重要的价值。

1.2 创新思维与传统思维的区别

1.2.1 两种思维方式的核心差异

创新思维与传统思维在本质上存在显著差异，这些差异影响了个人如何识别问题、探索解决方案以及应对新情况。理解这些核心差异对于培养创新能力和推动创新文化至关重要。

1. 问题解决范式

创新思维倾向于采用开放式问题解决范式，鼓励探索多种可能的解决方案，甚至重新定义问题本身。创新思维者看待问题时，不受既定框架的限制，常常能够发现别人忽视的机会。

传统思维则往往依赖已知的解决方案和经验法则，倾向于遵循既定的程序和规则解决问题。这种思维方式在处理常规问题时效率较高，但在面对新颖、复杂的挑战时可能缺乏灵活性。

2. 对待失败的态度

创新思维视失败为学习和成长的机会。创新者理解创新过程中失败的必然性，愿意从失败中收集反馈，以此为基础进行迭代和改进。

传统思维常常将失败视为负面结果，努力避免失败，这可能导致过度谨慎，不敢尝试新方法或冒险。

3. 变化适应性

创新思维具有高度的变化适应性。创新者乐于接受新情况和变化，能够快速调整自己的策略和方法以应对不断变化的环境。

传统思维则更倾向于维持现状，对变化持保守态度，可能在面对变化时显得迟缓和不适应。

4. 资源利用

创新思维鼓励创意地利用有限资源，通过非传统方式重组和优化资源，以实现最大的创新效果。

传统思维倾向于按照惯例和标准流程使用资源，可能没有充分挖掘资源的潜在新用途。

5. 跨界整合能力

创新思维强调跨学科、跨领域的知识整合。创新者通过将不同领域的知识和技术结合在一起，常常能够激发出新的创意和解决方案。

传统思维往往局限于单一领域的知识体系，可能缺乏将不同领域知识融合创新的视角。

通过深入理解创新思维与传统思维之间的这些核心差异，我们可以更好地认识到创新思维在应对当今世界复杂问题中的重要性，以及为什么需要在教育、企业乃至社会文化中积极培养和推广创新思维。

1.2.2 传统思维的局限性

传统思维虽然在处理日常问题和维持已有秩序中发挥着重要作用，但在面对快速变化的环境和复杂问题时，其局限性逐渐显现。以下几点是传统思维在当今社会和科技快速发展背景下的主要局限性。

（1）抵抗变化：传统思维倾向于维持现状，对新事物和变化持保守态度。这种抵抗变化的倾向在今天这个变化迅速的时代，可能会导致个人和组织错失重要的发展机遇，无法及时适应环境变化。

（2）缺乏创新意识：传统思维重视经验和过往成功的方法，可能导致缺乏创新意识和创新动力。在新问题和新挑战面前，过度依赖旧有解决方案可能无法提供有效的应对策略。

（3）固守界限：传统思维往往在固有的学科或领域内寻找解决方案，不容易跨界思考。这种固守界限的思维模式限制了知识的交叉融合和创新解决方案的产生。

（4）风险规避：在传统思维中，风险被视为需要避免的负面因素。这种风险规避的态度可能抑制人们尝试新方法和探索未知领域的意愿，从而限制了创新和进步的可能性。

（5）忽视用户和社会需求的变化：传统思维可能更关注内部流程和现有产品的优化，而忽视用户需求和社会需求的快速变化。这可能导致产品和服务与市场脱节，无法满足用户的实际需求。

（6）过度依赖等级制度和命令：在许多传统组织中，决策过程高度中心化，依赖等级制度和命令。这种模式可能抑制了组织内部的创新能力，因为它限制了员工的参与和创意的自由表达。

随着经济的快速发展和全球化进程的加速，传统思维的这些局限性尤为明显。为了保持竞争力并实现可持续发展，个人、企业乃至整个社会都需要积极培养和推广创新思维，超越传统思维的局限，以更加开放、灵活和创新的方式应对新的挑战和机遇。

1.2.3 创新思维的优势和挑战

创新思维在当今社会和科技快速发展的背景下展现出显著的优势，同时也面临着一系列挑战。了解这些优势和挑战，对于全面推动和实施创新思维至关重要。

1. 优势

（1）适应性强：创新思维促进个人和组织快速适应环境变化，通过不断探索新方法和解决方案，灵活应对新挑战。

（2）问题解决能力：创新思维提供了一种超越传统框架和方法的问题解决方式，能够识别并解决更加复杂和多层次的问题。

（3）跨界整合：创新思维鼓励跨学科和跨领域的知识整合，促进不同领域间的创新碰撞和融合，激发新的创意和解决方案。

（4）促进持续改进：以创新为核心的思维方式推动个人和组织不满足于现状，持续寻求改进和优化的机会，从而实现持续发展。

（5）增强竞争力：在全球化和激烈竞争的市场环境中，创新思维能够帮助企业和组织开发独特的产品和服务，增强市场竞争力。

2．挑战

（1）文化和结构障碍：在许多传统组织中，固有的文化和结构可能不利于创新思维的培养和实践，需要通过深层次的组织变革来克服。

（2）风险管理：创新过程中不可避免地伴随着风险，如何在鼓励创新的同时有效管理风险，是一个重大挑战。

（3）资源分配：创新项目往往需要时间和资源的投入。在资源有限的情况下，如何合理分配资源以支持创新活动，是创新管理中的一大挑战。

（4）失败的心理承受能力：创新过程中的失败是常见的，如何建立一种积极面对失败、从失败中学习和成长的文化，对于促进创新思维的实践至关重要。

（5）持续动力的维持：创新需要持续的动力和激情。如何在日常工作和生活中维持对创新的热情和动力，是每个创新者需要面对的挑战。

国家不断强调创新驱动发展战略，从政策到企业文化，都在积极营造支持创新的环境。面对这些优势和挑战，个人、企业和政府需要共同努力，不仅要培养创新思维，还要打造有利于创新的生态系统，以实现社会和经济的全面发展。

1.3 创新思维的价值

1.3.1 个人层面的价值：职业发展与个人成长

在个人层面，创新思维不仅是职业发展的助推器，也是个人成长的关键因素。其价值体现在以下几个方面。

（1）增强解决问题的能力：创新思维训练个人从不同角度和新的视角审视问题，寻找创新的解决方案。这种能力在职业生涯中极为宝贵，能够帮助个人在面对复杂挑战时脱颖而出。

（2）提升适应性与灵活性：在快速变化的工作环境和生活条件下，具备创新思维的个人能够更快适应新环境，灵活调整自己的策略和行动。这种适应性和灵活性是未来职场的重要素质。

（3）促进终身学习：创新思维鼓励个人持续探索和学习新知识、新技能。在知识更新换代极快的今天，终身学习成为个人维持竞争力和持续成长的必要条件。

（4）增加创造性成就：通过培养创新思维，个人能够在工作和生活中创造出新的价值和成果，不仅能够提升个人的满足感和成就感，也能够为社会和他人带来正面影响。

（5）提升职业竞争力：在求职和职场晋升中，创新思维能力越来越被雇主看重。具备这种思维方式的个人能够在众多求职者中脱颖而出，提升自己的职业竞争力。

（6）开拓思维视野：创新思维促使个人不断挑战自我和既有的认知边界，开拓更广阔的思维视野。这种开放的心态，不仅有助于个人成长，也能够增进对不同文化和观点的理解与包容。

随着经济的快速发展和国际化进程的加速，个人面临的职业挑战和发展机会都在不断增加。在这样的背景下，创新思维成为个人职业发展和成长的重要驱动力。无论是在科技、教育、艺术还是商业领域，具备创新思维的个人都能够更好地把握机会，实现自我价值，为社会带来积极的变革和进步。

1.3.2 组织层面的价值：企业创新与竞争力

在组织层面，创新思维的价值尤其体现在推动企业创新和增强竞争力方面。在全球化和技术快速变革的时代，企业要想保持竞争优势，就必须将创新思维融入其文化和战略中。以下是创新思维在组织层面产生的主要价值。

（1）促进产品和服务创新：创新思维鼓励企业不断研发新的产品和服务，以满足市场的不断变化和消费者的多样化需求。通过创新，企业能够形成独特的价值主张，以区别于竞争对手。

（2）提高效率和效益：创新思维不仅仅局限于产品创新，它还包括流程、管理和商业模式的创新。这些创新能够帮助企业优化内部流程，降低成本，提高运营效率和盈利能力。

（3）增强市场适应性和灵活性：在不断变化的市场环境中，具备创新思维的组织能够更快识别市场趋势和消费者需求的变化，并迅速做出调整，保持产品和服务的相关性。

（4）促进组织学习和知识创造：创新思维推动企业建立学习型组织，促进知识分享和创造。这种持续的学习和知识更新有助于企业不断进步，为未来创新奠定基础。

（5）吸引和保留人才：创新文化能够吸引那些具有创造力和探索精神的人才，为员工提供一个鼓励创新和个人成长的环境，能够增强员工归属感，提升员工满意度，从而提高人才的保留率。

（6）建立品牌形象和声誉：持续创新不仅能够提升企业的市场竞争力，还能够建立和提升其品牌形象和行业声誉。一个被视为创新领导者的企业，能够吸引更多的顾客、合作伙伴和投资。

随着国家对创新的高度重视和创新型国家建设战略的实施，越来越多的企业开始认识到创新思维的重要性。从互联网、人工智能到绿色能源和生物技术等领域，创新已成为推动企业成长和实现产业升级的关键。通过培养和实践创新思维，中国企业不仅能够在国内市场脱颖而出，还能够在全球市场上展现其竞争力和影响力。

1.3.3 社会层面的价值：推动社会进步和解决全球性问题

在社会层面，创新思维的价值尤其体现为它在推动社会进步和解决全球性问题上的能力。通过鼓励跨界合作、促进技术和知识的共享，创新思维能够带来更广泛的社会变革和发展。以下是创新思维在社会层面产生的主要价值。

（1）解决复杂社会问题：从气候变化、能源危机到贫困和疾病控制，世界面临着一系列复杂的社会问题。创新思维鼓励采取多学科、跨领域的方法，寻找这些问题产生的根本原因和可行的解决方案，从而有可能实现根本性的改变。

（2）促进可持续发展：创新思维对于推动可持续发展具有重要意义。通过创新的方法和技术，人们可以在保护环境的同时实现经济增长和增进社会福祉，为未来人们创造更好的生活条件。

（3）增进公共福祉：创新思维能够促进公共服务和福利的改进。例如，通过创新的医疗技术提高医疗服务的质量和可及性，或通过智能城市技术改善城市居民的生活质量。

（4）推动社会包容性和公平：通过创新解决方案，人们可以更有效地解决社会不平等问题，为社会边缘群体提供更多机会，促进社会公平，增强社会包容性。例如，通过教育技术创新，人们可以为偏远地区和贫困家庭的孩子提供更高质量的教育资源。

（5）激发社会变革与文化创新：创新思维不仅仅是技术和经济层面的，它也能够推动社会观念和文化的变革。通过新的社会实践和文化创意，人们可以促进社会思想的更新和文化多样性的发展。

（6）加强国际合作：在全球化的今天，许多社会问题是跨国界的，需要国际社会共同努力解决。创新思维促进了跨国界的合作和知识共享，有助于国际社会共同应对全球挑战。

随着国家创新体系的不断完善和社会治理能力的持续提升，创新思维已经被广泛应用于解决社会问题和推动社会进步。无论是在环境保护、公共卫生、教育改革，还是在减贫助困和农村振兴等领域，创新思维都发挥了重要作用，展现了它在推动社会发展和解决全球性问题中的巨大潜力。

1.4 案例研究：历史上的创新者

1.4.1 爱迪生：持续创新的典范

托马斯·阿尔瓦·爱迪生，被广泛认为是历史上最伟大的发明家之一，他的一生是持续创新的典范。爱迪生不仅仅因为他发明的产品本身获得尊敬，更因为他对创新过程和创新思维的贡献。

1. 创新成就

爱迪生的发明影响了现代社会的多个方面，包括电灯、留声机、电影摄影机等。其中，最著名的莫过于他对电灯的改进。尽管他不是第一个发明电灯的人，但他和他的团队开发出了第一个实用的电灯系统，这一系统不仅包括灯泡本身，还包括电力生成和分配系统。这一发明彻底改变了人类社会，使得人们在夜晚的活动不再受限。

2. 创新思维

（1）持续探索：爱迪生的一生中拥有超过一千项专利，这背后是他对探索和实验的不懈追求。他相信每一个问题都有解决方案，即使面对重重失败，也从未放弃。

（2）系统思维：爱迪生明白，一个成功的发明不仅仅是一个产品，而是一个完整的系统。他不仅发明了电灯，还考虑到如何生成、传输和分配电力，以确保电灯的广泛应用。

（3）团队合作：爱迪生创办了世界上第一个研发实验室——门洛帕克实验室，汇聚了一群才华横溢的科学家和工程师共同研究与开发新技术。这种团队合作的模式在当时是革命性的，至今仍是创新活动的标准做法。

（4）商业意识：爱迪生不仅是一位发明家，也是一位出色的商人。他深知，一个发明要想改变世界，必须能够被广泛接受和使用。因此，他在技术创新的同时，也非常注重其商业模式和市场推广策略。

爱迪生的一生证明了持续的创新思维和不畏失败的精神是实现伟大发明的关键。他的故事激励着后来的创新者，不仅在技术领域，在推动社会进步和解决全球性问题上也同样具有启发意义。随着创新驱动发展战略的实施，越来越多"爱迪生式"的创新者和创新团队正在涌现。他们正是受到了像爱迪生这样的历史创新者的启发，通过不断探索和实践，给社会和世界带来新的变革和进步。

1.4.2 乔布斯：跨界思维的代表

史蒂夫·乔布斯，作为苹果公司的联合创始人之一，是全球科技界和商业界公认的创新先锋。乔布斯以其非凡的跨界思维和对完美的执着追求，不仅改变了个人电脑、动画电影、音乐、手机、平板电脑和数字出版等多个行业，还对全球的技术发展和消费文化产生了深远的影响。

1. 创新成就

乔布斯领导下的苹果公司推出了一系列划时代的产品，包括 Macintosh 电脑、iPod、iPhone 和 iPad 等，这些产品不仅在技术上领先，更以其独特的设计和用户体验改变了人们的生活方式。

2. 创新思维

（1）用户体验至上：乔布斯始终坚持以用户体验为中心的设计哲学。他深刻理解消费者的需求和愿望，致力于创造既美观又实用的产品，这种思维方式在当时是颠覆性的。

（2）跨界融合：乔布斯擅长将技术与艺术、设计相融合，创造出既具有高科技性能又拥有艺术美感的产品。他的跨界思维不仅体现在产品设计上，还体现在他如何将计算机技术应用到音乐、电影和手机等领域，开辟了全新的市场和消费模式。

（3）创新领导：乔布斯具有非凡的领导力，并制定了远大的企业愿景，激发团队的创新潜能，引领苹果公司不断突破技术和市场的局限，保持行业领导地位。

（4）不断追求卓越：乔布斯对产品质量和细节的极致追求，使得苹果的每一款产品都力求完美。他的这种精神成为苹果公司的核心价值之一，也是苹果能够在激烈的竞争市场中脱颖而出的重要原因。

乔布斯的创新思维和实践对全球产生了深远影响，乔布斯的故事和苹果的成功激励了无数创业者和企业家。他们学习乔布斯对创新和完美的不懈追求，努力在自己的领域实现突破，推动中国乃至全球的科技和文化进步。乔布斯的一生证明，通过跨界思维和对创新的持续追求，即使是最普通的人，也能够改变世界。

1.4.3 当代创新者案例：解决 21 世纪的挑战

在 21 世纪，面对全球化的挑战和机遇，一批当代创新者以前瞻性的思维和行动，正在为环境、健康、能源等全球性问题提供创新解决方案。以下是几位代表性创新者的案例，展示了他们如何通过创新思维和技术实践，对社会和环境产生积极影响。

1. 马斯克和可持续能源

埃隆·马斯克，特斯拉和 Space X 的创始人，以在可持续能源和太空探索领域的创新而闻名。特斯拉不仅推动了电动汽车产业的发展，还致力于太阳能技术和储能解决方案的创新，旨在加速世界向可持续能源的转型。马斯克的愿景是通过技术创新，解决气候变化等全球性问题，推动人类社会的可持续发展。

2. 马云和数字经济

马云，阿里巴巴集团的创始人，通过创新电子商务平台，改变了中国乃至全球的商业模式和人们的消费习惯。他推动的数字经济不仅促进了经济增长，还提高了小微企业的市场参与度，促进了农村发展和金融普惠。马云通过阿里巴巴的平台，展示了如何利用互联网技术解决商业和社会问题，为全球经济的发展提供新的动力。

3. 张首晟和量子科技

张首晟，杰出的物理学家，致力于量子科学和技术的研究，是量子计算和量子通信领域的先驱之一。他的工作为量子技术的发展奠定了基础，这一新兴领域被认为是解决 21 世纪复杂计算和安全问题的关键。通过量子技术，人类社会在信息处理、安全通信和材料科学等方面有望实现革命性突破。

这些当代创新者展示了创新思维在解决当今世界面临的挑战中的价值。他们通过跨界整合、科技创新和商业模式的革新，不仅推动了科技的进步，也为社会的可持续发展和全球问题的解决提供了新的思路和方法。随着创新能力的不断提升和国际合作的深入，越来越多的创新者正在加入解决全球性挑战的行列，为推动人类社会的进步做出贡献。

1.5 理论与实践：从定义到动作

1.5.1 将创新思维融入日常生活

将创新思维从理论转化为实践是一个挑战，但同时也是个人和组织不断进步和成长的关键。在日常生活中融入创新思维，不仅能够帮助个人在职业发展中脱颖而出，也能够促进社会和文化的进步。以下是一些将创新思维融入日常生活的实用策略。

（1）培养好奇心和探索精神：激发内在的好奇心，对周围的世界始终保持探索的态度。在日常生活中，试着对常见事物提出"为什么"和"如果"的问题，探索其背后的原理和可能的改进方法。

（2）实践跨界学习：刻意扩展知识边界，学习与自己专业或兴趣不同的领域知识。跨界学习能够帮助你发现不同领域间的联系，激发新的创意和解决方案。

（3）鼓励多元思维方式：面对问题和挑战时，尝试采用不同的思维方式，如批判性思维、逆向思维和系统思维等，以寻找更多元和创新的解决方案。

（4）创建创新环境：在工作和生活空间创造一个鼓励创新的环境。这可以通过设置一个有利于思考和创意的物理空间，或是构建一个支持分享和讨论新想法的社交环境来实现。

（5）实施小型实验：把日常生活看作一系列小型实验的场所。对于新想法，不妨先在小范围内尝试和测试，通过实践来验证其可行性，并从中学习和调整。

（6）持续反馈和迭代：对于任何创新实践，重要的是建立一个持续的反馈和迭代过程。通过不断地评估和调整，你可以逐步改进想法，增加成功的可能性。

（7）培养失败的韧性：在创新过程中，失败是不可避免的。培养对失败的正面态度，将其视为学习和成长的机会，而不是终点。

将创新思维融入日常生活，不仅仅是改变行为的过程，更是一种思维方式和生活态度的转变。随着创新驱动发展战略的深入实施，社会各界越来越重视创新思维的培养和应用。无论是在教育、企业还是个人发展中，将创新思维融入日常生活，已成为推动进步和实现可持续发展的重要途径。

1.5.2 创新思维在教育和职场中的应用

创新思维的应用不仅限于科学研究或技术开发领域，它在教育和职场环境中同样具有极高的价值。通过将创新思维融入教育体系和职场文化，人们可以培养具备未来技能的人才，并促进组织的持续发展和竞争力提升。

1．教育中的应用

（1）培养创新意识：在教育过程中，应当鼓励学生培养对新知识和新技术的好奇心，以及探索和实践的勇气。这不仅包括科学技术领域，也应涵盖艺术、人文等多个领域。

（2）跨学科学习：推动跨学科的课程设置和学习项目，鼓励学生在不同领域间建立联系，促进综合性思维能力的发展。这有助于学生在面对复杂问题时，能够从多角度进行思考和解决。

（3）实践和创造：教育机构应提供充分的实践机会，如科学实验、工程项目、艺术创作等，让学生将理论知识应用于实际问题的解决中，从而培养其创新和创造能力。

（4）失败的正面教育：在教育中加强对失败经验的正面引导，教育学生如何从失败中学习和成长，培养面对挑战的韧性。

2．职场中的应用

（1）创新文化建设：组织和企业应努力营造一种鼓励创新的文化，这包括鼓励员工提出新想法、容忍失败并从中学习，以及跨部门合作等。

（2）持续学习和培训：鼓励员工参与持续学习和培训，特别是在新兴技术和跨领域知识方面。这有助于员工不断更新自己的技能和知识，始终保持创新能力。

（3）激励机制：设计有效的激励机制，以奖励创新思维和创新成果。这包括对创新项目的资金支持、职位晋升、奖金和表彰等。

（4）灵活的工作环境：提供灵活的工作环境和工作方式，如开放式办公空间、远程工作选项等，以激发员工的创造力和协作精神。

随着经济社会的快速发展和全球化进程的加速，教育和职场环境对创新思维的需求日益增长。政府、企业和教育机构都在采取措施，通过改革教育体系、优化企业文化和管理机制，以及增强国际合作，来培养和激发人们的创新思维，旨在构建一个更加开放、灵活和具有全球竞争力的社会。

1.5.3 培养创新思维的练习和活动建议

为了有效培养创新思维，个人和组织可以采用一系列的练习和活动。这些活动旨在激发创造力，提高问题解决能力，以及增强跨界思维。以下是一些实用的练习和活动建议。

1．个人练习

（1）日常物品再创造：挑选一些日常使用的物品，尝试思考它们可以如何被改进或用于完全不同的用途。这个练习有助于培养看待问题和物品的新视角。

（2）逆向思维挑战：将一个常见问题或任务反过来思考。比如，"如果我想让这个过程更慢、更低效,我会怎么做?"通过这种逆向思维,你可能会发现新的改进方法。

(3)"如果"日记:每天记录一个"如果……会怎样?"的问题,并尝试想出尽可能多的答案。这种练习鼓励开放思维和想象力的运用。

(4)学习新技能:定期挑战自己学习一个与现有专业或兴趣不同的新技能,无论是新语言、编程、艺术还是体育等。新技能的学习能够激活人的大脑的不同区域,促进创新思维的发展。

2. 团队活动

(1)头脑风暴会议:定期举行头脑风暴会议,鼓励团队成员提出和分享创新想法。为了提高效率,可以设计特定的主题或问题。重要的是创造一个开放、无评判的环境,让每个人都能自由地表达想法。

(2)跨部门合作项目:组织跨部门或跨领域的合作项目,鼓励不同背景和专业知识的人员共同解决问题。这种多样性能够带来更广泛的视角和更多创新的解决方案。

(3)创新工作坊:定期举办创新工作坊或研讨会,邀请内外部讲师分享创新理念、方法和最佳实践。工作坊可以包括案例研究、实践练习和小组讨论等环节。

(4)模拟和角色扮演:通过模拟游戏或角色扮演活动来解决实际问题。这种方法能够帮助团队成员从不同角色的视角理解问题,激发同理心和创新思维。

随着创新成为国家发展战略的核心,从学校到企业,越来越多的组织开始重视创新思维的培养。实施这些练习和活动,不仅能够提升个人和团队的创新能力,还能够为社会的进步和发展贡献新的力量。

思考题

1. 创新思维与传统思维的比较

描述你在生活中看到的一个场景,分析这个场景中创新思维和传统思维如何导致不同的结果。

2. 创新思维的个人价值

思考创新思维对你个人未来职业生涯的潜在价值有哪些?请至少给出两个具体的例子。

3. 案例分析:爱迪生与乔布斯

分析托马斯·爱迪生和史蒂夫·乔布斯是如何通过创新思维影响了世界,并讨论你从他们的故事中学到了哪些关于创新的教训。

4. 创新思维的日常应用

请描述一个你认为可以通过创新思维解决的日常生活中的问题或挑战,提出你的创新解决方案。

5. 创新思维的挑战与克服

在尝试应用创新思维时,你遇到了哪些挑战?你认为可以采取哪些措施来克服这些挑战?

6. 培养创新思维的策略

根据本章内容,至少总结出三种你认为最有效的培养创新思维的策略,并解释为什么你认为它们有效。

7. 创新思维的社会价值

讨论创新思维在解决社会问题(如环境保护、教育不均衡等)中的潜在作用,并用一个具体的例子说明创新思维如何被应用于社会改进。

第 2 章　培养创新思维的策略

2.1　批判性思维与创造性思维

2.1.1　批判性思维的定义与重要性

1. 定义

批判性思维是一种高阶思维技能，它涉及理性地分析和评价问题、陈述和信息的过程，以形成明确和公正的判断。这种思维方式要求个体不仅仅接受事实表象，而是深入探究问题的本质，评估不同观点的合理性，并基于证据做出理性判断。

2. 重要性

（1）提高问题解决能力：在日常生活和工作中，我们经常遇到需要解决的复杂问题。批判性思维能够帮助我们更有效地分析问题，识别问题的关键因素，从而找到更加合理和有效的解决方案。

（2）提高决策质量：运用批判性思维，个人能够在决策过程中考虑更多的可能性和潜在后果，避免偏见和误判，从而做出更加明智和负责任的决策。

（3）培养独立思考能力：批判性思维鼓励个体质疑常规智慧和权威观点，培养独立思考的习惯。这不仅有助于个人成长，也是维护民主和促进科学进步的基石。

（4）促进有效沟通：批判性思维训练个体清晰地表达自己的想法，同时也能够理解和评价他人的观点。这种互相理解和评估的过程是有效沟通的关键。

（5）防御误导信息：在信息爆炸的时代，批判性思维成为甄别真伪信息的重要工具。它能够帮助个体识别偏见、谬误和误导性信息，防止被错误的信息所影响。

随着经济的快速发展，社会对于具备批判性思维能力的人才的需求日益增加。无论是在科研、教育、商业还是政策制定等领域，批判性思维都被视为一种重要的素质。因此，培养和提升批判性思维能力，对于个人职业发展和社会整体进步都具有深远的意义。

2.1.2　创造性思维的特点与应用

1. 特点

（1）联想性：创造性思维涉及将看似无关的信息和概念通过联想结合在一起，产生新的想法。这种能力使创造性思维人员不受常规思维路径的限制，能够跳出传统框架，发现创新的解决方案。

（2）灵活性：创造性思维的一个关键特点是思维的灵活性，能够从多个角度和维度审视问题。这种灵活性使得个体能够适应快速变化的环境，对新情况做出快速反应。

（3）原创性：创造性思维追求独特和原创的想法，强调创新不仅是对现有知识的重组，更重要的是产生全新的见解和理念。

（4）批判性：尽管创造性思维强调自由和开放，但它也包含对想法的批判性评估，以确保新想法的可行性和有效性。

（5）目标导向性：创造性思维虽然看似自由无拘，但实际上是有目标导向的。它是为了解决特定问题或满足特定需求而进行的思维活动，因此具有明确的目的性和应用价值。

2．应用

（1）问题解决：面对复杂问题时，创造性思维能够帮助个人或团队跳出传统思维模式，探索和尝试新的解决方案，从而有效解决问题。

（2）产品和服务创新：在商业领域，创造性思维是推动产品和服务创新的关键。通过创新的设计和功能，企业能够满足消费者的新需求，提升市场竞争力。

（3）艺术创作：在艺术领域，创造性思维是产生新作品的源泉。无论是绘画、音乐、文学还是电影，创造性思维都能够激发艺术家创作出具有原创性和感染力的作品。

（4）科学研究：在科学研究中，创造性思维有助于科学家提出新的假设和理论，设计创新的实验方法，以及解释实验数据，推动科学的进步。

（5）教育创新：在教育领域，运用创造性思维可以设计更具互动性和参与感的教学方法，激发学生的学习兴趣和创造力，促进对知识的深入理解和应用。

创造性思维的培养和应用是一个持续的过程，需要在个人实践和组织支持下不断发展与完善。随着创新成为国家战略，创造性思维在教育、科技、商业等多个领域得到了越来越多的重视和应用，为社会的进步和发展注入了新的活力。

2.1.3　两者在创新过程中的互补关系

批判性思维和创造性思维在创新过程中不是孤立存在的，而是相互依赖、相互促进的。这两种思维方式在推动创新的各个阶段发挥着互补的作用，共同构成创新思维的核心。理解它们之间的互补关系，对于有效促进创新具有重要意义。

（1）问题识别阶段：在创新的起始阶段，批判性思维有助于个人或团队准确地识别和定义问题。通过对现有情况的系统分析和评估，人们可以清晰地界定需要解决的核心问题。创造性思维则能够在此基础上探索产生问题的多种可能视角，拓宽人们对问题的认知范围。

（2）解决方案探索阶段：在探索解决方案的过程中，创造性思维鼓励大胆想象和自由联想，生成创新的解决方案或想法。批判性思维则在这一过程中起到筛选和优化的作用，对每一个可能的解决方案进行逻辑分析和评价，确保最终选择的方案是可行和有效的。

（3）实施与评估阶段：在将解决方案付诸实施的阶段，批判性思维帮助监控项目进展，及时识别和解决实施过程中出现的问题。创造性思维则能够在遇到障碍时提供灵活的调整方案，甚至能够在项目实施中不断创新，优化原有的计划。

（4）反馈与迭代阶段：创新过程往往不是一蹴而就的，需要不断反馈和迭代。批判性思维在这一阶段有助于对完成的项目进行深入分析，识别存在的不足和潜在的风险。创造性思维则在反馈的基础上促进创新性的迭代和改进，寻找新的突破点。

在创新实践中，批判性思维和创造性思维的互补关系体现为一个动态的、循环的过程。一个成功的创新过程往往是这两种思维方式交替进行、相互促进的结果。随着创新驱动发展战略的深入实施，教育、企业乃至整个社会都在努力培养这两种思维方式，以期培育更多的创新人才，推动科技进步和社会发展。

2.2 创新解决问题的方法

2.2.1 问题定义与问题重塑

在创新解决问题的过程中，问题定义与重塑是至关重要的第一步。正确定义问题，不仅能够确保解决方案的针对性和有效性，而且有时候问题的重新定义本身就能带来创新的突破。以下是关于问题定义与重塑的一些关键点。

1. 问题定义

问题定义是对问题的准确描述，它需要明确问题的本质，界定问题的范围和边界，以及识别问题背后的需求和目标。一个清晰、准确的问题定义，能够为寻找解决方案提供明确的方向。

（1）明确问题存在的背景：了解问题发生的环境和条件，识别问题的背景信息和相关因素。

（2）界定问题范围：确定问题的边界，包括问题影响的范围、涉及的人员和资源等，避免问题定义过于宽泛或过于狭窄。

（3）识别核心问题：通过分析问题的各个方面，识别出核心问题所在，即问题的根本原因。

2. 问题重塑

问题重塑是对已定义问题的重新思考和框架调整，目的是从新的角度或不同的视角看待问题，以发现新的解决思路或更深层次的问题。

（1）提出"假如"问题：通过提出"假如……会怎样？"的问题，激发创新思维，探索问题不同解决方案的可能性。

（2）逆向思维：尝试从问题的反面考虑，比如"如果我们不解决这个问题会怎样？"或"如果我们的目标是加剧造成这个问题，我们该怎么做？"，通过逆向思维揭示解决问题的新维度。

（3）采用不同视角：从不同的利益相关者（如客户、管理层、竞争对手）的角度审视问题，可以揭示新的需求和机会。

（4）寻求类比和跨界灵感：通过研究其他行业或领域中类似问题的解决方式，获取灵感和新思路。

问题定义与重塑是创新解决问题过程中的关键步骤，需要批判性思维和创造性思维的结合运用。随着社会经济的快速发展和创新环境的不断优化，越来越多的企业和组织意识到了问题定义与重塑在创新中的重要性，开始更加重视这一过程，以期获得更具创新性和有效的解决方案。

2.2.2 创新思维技巧与工具

1. 头脑风暴与思维导图

在培养和实践创新思维的过程中，头脑风暴和思维导图是两种极为有效的技巧与工具。它们能够帮助个人和团队激发创意、组织思路，并促进创新解决方案的产生。

（1）头脑风暴。

头脑风暴是一种集体创意技术，旨在通过团队成员的自由联想，迅速产生并收集尽可能多的想法。其基本原则包括以下几个方面。

数量优先：目标是产生尽可能多的想法，不论质量如何。这是基于"数量产生质量"原则，更多的想法意味着找到创新解决方案的更大可能性。

推迟评判：在头脑风暴过程中，所有的想法都被视为有价值的，不对任何想法进行即时的批评或评价，以免阻碍创意的自由流动。

鼓励狂想：鼓励参与者提出大胆、非传统甚至是荒谬的想法。往往最具创造性的解决方案源于最不被看好的想法。

互激发：参与者的想法可以相互激发和建立，一个想法可能成为另一个想法的跳板，形成思维的正向螺旋。

（2）思维导图。

思维导图是一种视觉化思维工具，通过将主题或问题放在中心，围绕中心主题通过分支结构组织关键词、概念和想法，帮助个人或团队清晰地组织和分析信息。其优势包括以下几个方面。

清晰组织思路：思维导图能够帮助人们清晰地展现思路和概念之间的关系，使复杂的信息结构化和简洁化。

促进记忆与理解：通过视觉化表达，思维导图增强了人们对信息的记忆和理解，尤其适合脑力激荡和学习过程。

激发创意联想：思维导图的非线性结构鼓励创意的自由联想，有助于产生新的想法和连接。

适合个人和团队：思维导图既可以作为个人思考和创意的工具，也可以在团队合作中用于共享想法和促进沟通。

随着教育和企业界对创新能力重视程度的提高，头脑风暴和思维导图等创新思维技巧和工具被广泛应用于学术研究、产品开发、商业策略规划等多个领域。这些方法不仅提升了人们解决问题的效率，增强了创新性，也促进了团队协作和知识共享，为推动社会创新和进步贡献了重要力量。

2. 逆向思维与假设测试

（1）逆向思维。

逆向思维是一种通过颠倒问题的正常处理过程来激发新思路和创意的方法。它挑战传统的思维模式，鼓励从结果出发反向推理，以达到创新解决问题的目的。逆向思维的核心在于：“如果我们从另一个角度看待这个问题会怎样？”它强调的是打破常规，探索问题的不同可能性。

逆向思维的应用：

目标逆推：确定你想要达到的最终目标，然后逆向规划出实现该目标所需的步骤。这种方法有助于明确目标、简化过程和识别关键行动点。

问题反转：将问题的表述反转。例如，从"如何提高产品销量"变为"什么因素会降低产品销量"，通过反问来揭示可能被忽视的问题原因和解决方案。

颠倒假设：质疑和颠倒现有的假设或信念，探索如果这些假设被反转，会有哪些新的见解和机会出现。

（2）假设测试。

假设测试是一种通过构建并验证假设来探索和解决问题的方法。它要求明确假设、设计实验或分析来测试假设，然后根据结果调整假设或方案。

假设测试的应用：

构建假设：基于对问题的理解，构建一个或多个可验证的假设。这些假设应尽可能具体，便于测试。

设计实验：为每个假设设计实验或分析方法。这可能包括收集数据、进行调查或实施原型测试等。

分析结果：执行实验并收集结果，分析数据以验证假设的准确性。根据结果确定假设是否成立。

迭代优化：根据假设测试的结果，调整假设或解决方案，并重复测试过程。这一迭代过程有助于逐步接近问题的最佳解决方案。

逆向思维和假设测试是创新思维中的重要技巧。它们鼓励从不同的角度审视问题，并通过实验和验证来探索解决方案。这两种方法在科学研究、产品开发、商业策略和教育创新等多个领域都有广泛应用。随着创新文化的发展，这些方法被越来越多的组织和个人采纳，以促进创新思维的培养和创新解决方案的开发。

2.2.3 从问题到解决方案的转变

在创新思维的过程中，将问题转化为解决方案是一项关键的技能。这一转变不仅需要识别和定义问题，还涉及利用批判性和创造性思维来探索、评估和实施有效的解决方案。以下是实现从问题到解决方案转变的几个关键步骤。

1. 深入理解问题

在尝试解决任何问题之前，首先需要彻底理解问题的本质和背景。这包括问题的来源、影响范围、涉及的利益相关者以及以往尝试解决此问题的方法。

2. 界定问题范围

明确问题的边界和范围，确定解决方案需要达成的具体目标和约束条件。这有助于聚焦最重要的问题方面，避免资源的浪费。

3. 生成解决方案的想法

利用头脑风暴、逆向思维、思维导图等工具和技巧生成尽可能多的解决方案。此阶段鼓励创意自由流动，不受限制地探索所有可能的选项。

4. 评估和选择解决方案

对生成的解决方案进行评估，考虑其可行性、成本效益、潜在影响和实施难度等因素。利用批判性思维筛选和优化解决方案，选择最合适的方案来实施。

5. 制订实施计划

为选定的解决方案制订详细的实施计划，包括所需资源、时间表、责任分配和风险管理计划。

6. 执行和监控

根据计划执行解决方案，并在实施过程中进行监控和调整。保持灵活性，对于出现的新问题和挑战，及时应对和调整。

7. 评估结果和反馈

在解决方案实施后，评估其效果和影响。收集反馈，从成功和失败中学习，为未来解决类似问题提供经验和教训。

随着创新文化的不断推进和创新能力的持续提升，从问题到解决方案的转变已成为企业、教育机构和研究组织日常活动的重要组成部分。通过培养创新思维和应用有效的创新方法，人们不仅能够解决复杂问题，还能够推动社会进步和可持续发展。这一过程强调了创新不仅仅是一个思维方式，更是一种将想法转化为实际行动和成果的能力。

2.3 跨学科学习与思维交叉

2.3.1 跨学科学习的意义与方法

1. 意义

跨学科学习指的是整合不同学科领域的知识和方法来探索、学习和解决问题的过程。它是培养创新思维的重要方式，具有以下几个方面的意义。

（1）促进全面思考：通过跨学科学习，个体能够从多个角度和维度理解和分析问题，促进更全面和深入的思考。

（2）激发创新灵感：不同学科之间的知识和方法交叉往往能够激发新的创意和解决方案的出现，推动创新的产生。

（3）提高解决复杂问题的能力：现代社会面临的许多问题是复杂且跨学科的，跨学科学习能够提高个人解决这些复杂问题的能力。

（4）增强适应性和灵活性：跨学科学习培养的是一种开放和适应的学习态度，有助于个人在快速变化的环境中保持竞争力。

2．方法

（1）参与跨学科项目：参与或创建涉及多个学科领域的项目是实践跨学科学习的有效方法。这类项目鼓励从不同学科角度出发，共同寻找解决方案。

（2）多领域课程学习：选择跨学科课程或专业，或者在自己的学习计划中结合不同领域的课程，以获得广泛的知识背景。

（3）参加研讨会和工作坊：积极参加由不同学科专家主持的研讨会、讲座和工作坊，这些活动提供了跨学科交流和学习的平台。

（4）利用在线资源：利用在线开放课程（MOOCs）和其他在线学习资源，自主学习不同领域的知识。互联网提供了丰富的跨学科学习材料，方便个人按照自己的兴趣和需要进行学习。

（5）建立跨学科学习小组：与来自不同学科背景的同学或同事建立学习小组，定期讨论和分享各自领域的知识和见解，促进思维的交叉和融合。

随着教育改革和创新能力培养不断被重视，跨学科学习逐渐成为高等教育和研究机构的一个重要趋势。越来越多的大学和研究机构推出跨学科课程和项目，鼓励学生和研究人员跨越学科界限，探索新的知识领域，以培养能够适应未来社会需求的复合型人才。

2.3.2 实现思维交叉的策略

实现思维交叉是促进创新的关键，特别是在解决跨学科问题和应对复杂挑战时。以下策略有助于在个人和组织层面实现思维交叉。

1．多领域团队建设

创建由不同学科背景的成员组成的团队。多样化的团队能够促进不同视角和知识的交流，激发创新思维。在团队中鼓励开放沟通和相互尊重，为每个成员提供表达和贡献想法的机会。

2．促进跨学科合作项目

设计和实施跨学科合作项目，鼓励团队成员将自己的专业知识应用于项目中，同时学习其他学科的方法和视角。这样的项目不仅有助于解决复杂问题，也能够促进团队成员间的学习和成长。

3．参与跨学科学习和研究活动

鼓励个人参与跨学科的学习项目、研讨会、工作坊和会议。这些活动提供了与其他学科专家交流和合作的机会，有助于拓展知识视野和启发新思维。

4．建立跨学科交流平台

利用现代技术建立线上和线下的跨学科交流平台，如论坛、社交媒体小组、共享工作空间等，促进不同学科之间的信息共享和讨论。

5. 跨学科教育和培训

在教育机构和企业内部实施跨学科的教育和培训计划，包括跨学科课程、讲座和实践活动。通过这些教育活动，参与者可以获得跨学科知识，培养能够整合这些知识解决问题的能力。

6. 激励跨学科创新

通过设置奖励和激励机制来鼓励跨学科的创新尝试和成果。这可以包括财务奖励、职业发展机会以及公开表彰等，以增加跨学科合作和创新的吸引力。

7. 促进多元文化和观点出现

在组织文化中强调多元性和包容性，鼓励、尊重和欣赏不同学科、文化背景下的观点和方法。这种文化氛围有利于打破思维壁垒，促进知识和思想的自由交流。

随着全球化和知识经济的发展，实现思维交叉成为推动科技创新、社会进步和文化繁荣的重要策略。教育改革、企业创新和政策支持都在鼓励和促进跨学科合作，以培育具有全球视野和创新能力的人才，推动社会朝着更加开放和创新的方向发展。

2.3.3 成功案例分享：跨学科学习与思维交叉

跨学科合作在全球范围内催生了众多创新项目和突破性成果。下面的案例展示了中外在不同领域通过跨学科合作实现成功的故事。

1. 特斯拉电动汽车（美国）

特斯拉的创新不仅仅在于它的电动汽车技术，还包括它在能源存储和太阳能技术方面的突破。这些成就是通过汽车工程、电池科学、软件开发和可持续能源等多个学科的紧密合作实现的。特斯拉的跨学科方法不仅改变了汽车行业，也推动了全球向可持续能源的转型。

2. 阿里巴巴的数字经济（中国）

阿里巴巴集团通过将计算机科学、数据分析、商业策略和社会学等学科知识结合起来，创建了一个覆盖电子商务、数字支付、云计算和人工智能等多个领域的庞大数字经济生态系统。这一跨学科合作模式不仅促进了中国的数字经济发展，也为全球数字经济的创新提供了模板。

3. 蓝色起源的太空探索（美国）

杰夫·贝佐斯创立的蓝色起源公司致力于使太空旅行变得平民化。这一雄心勃勃的目标需要航空工程、物理学、计算机科学和人类学等多个领域的专家紧密合作，共同解决太空旅行的技术和生理挑战。

4. 深圳华大基因（中国）

作为全球领先的基因组学研究机构之一，深圳华大基因通过结合生物学、计算机科学、统计学和医学等学科的力量，推动了个性化医疗和精准医疗的发展。跨学科合作使得华大基因在基因测序技术和生物信息学领域取得了世界领先的成就。

5. 国际清洁水源项目（全球）

各国环境科学家、化学家、社会学家和非政府组织共同合作，通过开发新型水净化技术和创新可持续的水资源管理策略，成功解决了全球许多地区的饮用水问题。这一跨学科合作项目不仅提高了当地居民的生活质量，也为全球水资源的可持续管理提供了宝贵经验。

这些案例证明，无论是在技术创新、经济发展还是社会进步方面，跨学科合作都能够打破传统边界，激发人们的创新思维，带来前所未有的成就。在中国和全球范围内，随着对跨学科重要性的认识日益加深，更多的跨学科合作项目正在进行中，预示着未来将会有更多创新成果诞生。

2.4 案例研究：创新解决方案的实例

2.4.1 商业领域的创新案例：如何打破常规思维

在商业领域，打破常规思维并采用创新解决方案是企业保持竞争力和实现持续增长的关键。以下案例展示了企业如何通过创新思维迎接商业挑战。

1. Airbnb：重塑住宿业模式

（1）挑战：传统酒店业模式受限于房间数量和地理位置，无法满足所有用户的需求，尤其是在大型活动期间。

（2）创新解决方案：Airbnb通过打破常规的住宿服务模式，打造了一个在线平台，让普通人能够将自己的空闲房间或房产出租给旅行者。这一模式不仅为用户提供了更多样化和个性化的住宿选择，还为房东创造了收入来源。

（3）结果：Airbnb成功颠覆了传统住宿业，成为全球最大的住宿共享平台之一，展现了共享经济的巨大潜力。

2. 京东物流：利用无人机和自动驾驶技术改进配送服务

（1）挑战：在偏远和人烟稀少的地区，传统的物流配送效率低下，成本高昂。

（2）创新解决方案：京东物流采用无人机和自动驾驶车辆进行配送，打破了传统物流配送的限制。这些技术使得京东能够在偏远地区提供更快速、更经济的配送服务。

（3）结果：这一创新不仅提升了配送效率和客户满意度，也减少了人力成本和降低了环境影响，为物流行业提供了新的发展方向。

3. 腾讯微信：从即时通信到全面社交平台的转变

（1）挑战：市场上已有多款即时通信软件，用户需求日益多样化，单一功能的应用难以满足用户的全方位需求。

（2）创新解决方案：腾讯通过将即时通信、社交网络、支付功能等多种服务整合到微信平台，打破了传统即时通信软件的功能局限。微信成为一个全面的生活服务平台，满足了用户的多元化需求。

（3）结果：微信快速成长为中国乃至全球最大的社交媒体平台之一，其创新的商业模式也为全球社交媒体和移动支付行业树立了新标杆。

这些案例表明，通过打破常规思维并采纳跨学科的创新方法，企业能够找到解决复杂商业问题的突破口，不仅促进了自身的发展，也为行业乃至社会带来了积极的变革。随着创新文化的不断深入人心，越来越多的企业正通过创新思维寻找新的增长点和发展机会。

2.4.2 科技发明中的创新思维：跨学科的成功应用

科技发明往往是跨学科合作和创新思维碰撞的成果。以下案例展示了如何通过跨学科的创新思维解决科技难题，推动科技进步。

1. CRISPR-Cas9 基因编辑技术

（1）挑战：遗传性疾病和多种生物医学研究难题需要一种精准、高效且成本较低的基因编辑方法。

（2）创新解决方案：CRISPR-Cas9 技术的开发是生物学、遗传学、化学和计算机科学等多个学科知识和技术的集成。这项技术允许科学家以前所未有的精确度对 DNA 进行编辑，为遗传病治疗和基因功能研究提供了强大工具。

（3）结果：CRISPR-Cas9 技术已被广泛应用于生物医学研究，为治疗遗传性疾病、改良农作物和开发新型生物制品等领域带来革命性的变化。

2. 物联网（IoT）技术

（1）挑战：在数字化时代，如何实现设备的互联互通、数据的实时收集和智能分析，以提高生活和工作效率，是一个重大挑战。

（2）创新解决方案：物联网技术的发展融合了计算机科学、通信工程、电子工程和人工智能等多个学科的知识。通过将传感器、设备和系统连接到互联网，物联网技术使得数据收集和交换变得更加自动化与智能化，为智能家居、智慧城市、工业自动化等提供支持。

（3）结果：物联网技术已成为现代社会的基础设施之一，极大地改善了人们的生活质量和工作效率，同时为环境监测、灾害预防等提供了重要工具。

3. 量子计算

（1）挑战：传统计算机在处理某些复杂问题（如大规模数据加密解密、药物分子模拟等）时遇到了性能瓶颈。

（2）创新解决方案：量子计算的发展是物理学、计算机科学、材料科学等领域合作的成果。它利用量子位代替传统的二进制位，通过量子叠加和量子纠缠等量子力学原理，实现对信息的超高速处理。

（3）结果：尽管量子计算仍处于发展阶段，但其潜力巨大，预计将为药物发现、复杂系统模拟、优化问题解决等领域带来革命性的突破。

这些科技发明案例表明，跨学科的创新思维是推动科技发展的关键驱动力。在全球范围内，不断有来自不同学科背景的研究者和工程师通过合作，利用各自领域的知识和技术，共同解决科技领域面临的挑战,为人类社会的进步贡献力量。随着国家对创新的高度重视和跨学科研究的持续投入,越来越多的科技创新项目正在展现出其独特价值和潜力,推动中国乃至全球的科技创新进程。

2.4.3 社会创新项目:创新思维在社会问题解决中的作用

社会创新项目通过采用创新思维和方法来解决社会问题,包括贫困、教育不均衡、环境保护等,展现了创新思维在推动社会进步方面发挥的重要作用。以下案例展示了社会创新项目是如何有效解决社会问题的。

1. M-PESA 移动支付(肯尼亚)

(1)挑战:在肯尼亚等发展中国家,许多人因为居住在偏远地区或没有银行账户而无法使用传统的金融服务。

(2)创新解决方案:M-PESA 是一种移动支付系统,允许用户通过手机进行金钱转账、存款和提款等操作。它不依赖于传统银行系统,而是利用广泛的移动电话网络和代理商网络,为没有银行账户的人提供便捷的金融服务。

(3)结果:M-PESA 极大地改善了肯尼亚和其他非洲国家的金融包容性,促进了经济发展和减贫,成为全球移动支付领域的典范。

2. 阿里巴巴农村淘宝(中国)

(1)挑战:中国的农村地区面临销售渠道有限、物流配送困难等问题,农民难以将产品高效销售到城市市场。

(2)创新解决方案:农村淘宝通过建立覆盖农村地区的电商和物流网络,连接农民和城市消费者。它不仅提供了一个销售平台,还通过培训农民使用互联网和电商平台,提升了农民的电商能力。

(3)结果:农村淘宝促进了农产品的销售,提高了农民收入,同时也为城市消费者提供了多元的农产品选择,有效促进了城乡经济的融合发展。

3. 水滴筹(中国)

(1)挑战:面对高昂的医疗费用,许多家庭难以承担,需要社会的帮助和支持。

(2)创新解决方案:水滴筹是一个在线医疗众筹平台,它让需要医疗援助的患者可以发起筹款活动,通过社交网络吸引公众捐款。这个平台利用互联网技术和大众的善意,为突发重疾的困难家庭提供了一个新的解决方案。

(3)结果:水滴筹为数以万计的家庭提供了救助,展现了"互联网+公益"的力量,同时也引发了社会对于医疗保障和公益透明度的深入讨论。

这些社会创新项目展示了创新思维在解决社会问题方面发挥的重要作用。它们不仅为特定的社会挑战提供了有效的解决方案,也促进了社会的整体进步和发展。通过跨学科合作、利用新技术和创新商业模式,这些项目激发了社会各界共同参与解决社会问题的热情,为构建更加公平、可持续的社会做出了贡献。

2.5 培养创新思维的实践建议

2.5.1 在个人层面上培养创新思维

培养创新思维是一个持续的过程,涉及思维习惯的改变和持续实践。以下是一些在个人层面上培养创新思维的实践建议。

1. 保持好奇心

对周围的世界保持好奇,不断提问,尝试了解事物的原理和背后的逻辑。好奇心是推动创新的重要动力。

2. 多元化学习

跨学科学习能够拓宽视野,促进思维交叉。尝试学习与自己专业不同领域的知识,这不仅能增加知识储备,还能形成新的思维模式。

3. 培养批判性思维

学会质疑和分析,不盲目接受信息。通过批判性思维来评估问题,人们可以识别潜在的偏见和逻辑漏洞,为创新提供更坚实的基础。

4. 实践创意写作和绘画

创意写作和绘画等艺术活动可以激发人们的想象力,促进创新思维。这些活动鼓励自由表达和创意探索,有助于思维的灵活运用。

5. 加强沟通和合作

通过与他人的沟通和合作,人们可以获得新的视角和灵感。团队中不同成员的知识和经验可以相互补充,共同促进创新思维的发展。

6. 接受失败和挑战

将失败视为学习和成长的机会。勇于尝试新事物,并从失败中吸取教训,这种积极面对失败的态度是创新过程中不可或缺的。

7. 持续反思和自我提升

定期对自己的思维和行为进行反思,识别可以改进的地方。通过持续的自我提升,人们可以不断优化自己的创新思维能力。

8. 利用技术和工具

利用现有的技术和工具,如思维导图软件、在线学习平台等,人们可以有效培养创新思维。这些工具能帮助人们组织思路、扩展知识和提高效率。

在个人层面培养创新思维需要时间和实践的积累。通过上述建议的持续实践,个人不仅能够提升自身的创新能力,也能为所在团队和组织带来新的视角和价值。随着创新文化的推广和创新教育的发展，个人有更多机会和资源来培养和实践创新思维，为社会的创新发展贡献力量。

2.5.2 在团队和组织中推广创新文化

在团队和组织层面推广创新文化是促进持续创新和适应快速变化环境的关键。以下是一些有效的策略，用于在团队和组织中培育和推广创新文化。

1. 设立创新愿景和目标

明确组织的创新愿景和目标，并将其融入组织的使命和价值观中。这有助于确保全体成员对创新的重要性有共同的认识和追求。

2. 鼓励多元思维和包容性

建立一个包容性的环境，鼓励团队成员表达不同的观点和想法。尊重和欣赏多样性可以激发人们的创新思维，促进更广泛的思维交流和碰撞。

3. 提供跨学科合作机会

组织跨部门或跨学科的项目和活动，促进不同背景和专业知识的团队成员合作。跨学科合作能够促进知识融合，激发新的创新思路。

4. 建立支持创新的制度和政策

设立创新基金、奖励机制和时间灵活性政策等，以支持和激励创新活动。确保团队成员有资源和空间去探索新想法，并将其转化为实际的项目或产品。

5. 提供创新培训和资源

组织与创新相关的培训和研讨会，提供必要的资源和工具，帮助团队成员提高创新能力和技能。这包括创新思维训练、跨学科学习机会以及对新技术的教育。

6. 促进开放沟通和信息共享

通过定期的会议、工作坊和内部社交平台，促进团队内部的沟通和信息共享。开放的沟通有助于迅速传播创新想法，促进集体智慧的形成。

7. 庆祝创新和容忍失败

公开表扬创新成果和尝试，即使是未能成功的项目，也应当被认可为探索的一部分。建立一种正面对待失败的文化，鼓励团队成员在失败中学习并持续尝试。

8. 持续评估和优化创新流程

定期评估组织的创新活动和文化，收集反馈，并根据需要进行调整和优化。持续改进有助于保持组织的创新活力和适应性。

随着创新驱动发展战略的实施和企业文化的转型，越来越多的组织正在采取措施推广创新文化。通过上述策略的实施，组织不仅能够激发和维护创新的动力，还能够在激烈的市场竞争中保持领先地位，为社会的持续发展贡献力量。

2.5.3 面对挑战和失败时保持创新思维

在创新的道路上,挑战和失败是不可避免的。保持创新思维,即使在面对挑战和失败时,也能找到前进的动力和机会。以下的一些策略可以帮助个人和组织在逆境中保持创新思维,促进自身发展。

1. 接受失败为成功的一部分

认识到失败是创新过程中的必然环节,而不是终点。将失败视为学习和成长的机会,而非阻碍。这种心态有助于维持积极的探索精神和创新动力。

2. 从失败中学习

系统地分析失败的原因,总结过程中获得的见解和经验。这不仅能帮助人们避免将来重复同样的错误,还能为寻找新的解决方案提供宝贵的信息。

3. 保持灵活性和适应性

面对挑战时,保持思维的灵活性和适应性,愿意调整计划和策略。对环境的快速适应和从新的角度思考问题,有助于发现未被注意的机会。

4. 鼓励开放式沟通和团队支持

在团队和组织中,建立一种开放和支持的文化,鼓励成员分享失败的经历和教训,而不是隐瞒。这种环境能够增强团队的凝聚力,同时促进创新思维的发展。

5. 多角度分析问题

使用多角度分析问题的方法,比如从不同的用户、技术或市场视角审视问题。这种方法能够帮助人们发现问题的新维度和解决方案的新途径。

6. 保持长期视角

创新是一个长期的过程,需要耐心和毅力。保持对长期目标的关注,而不是仅仅专注于短期的挑战和失败,能够帮助人们维持已有动力和把握正确方向。

7. 寻求外部意见和反馈

面对挑战时,寻求外部专家、顾问或同行的意见和反馈。新的视角可能为问题提供意想不到的解决方案。

8. 保持创新实践的持续性

即使面对挑战,我们也不要停止创新实践的尝试和探索。持续实践和不断尝试是发现新解决方案和机会的关键。

随着创新文化的推广和对失败更加宽容的态度的形成,越来越多的个人和组织开始认识到面对挑战和失败时保持创新思维的重要性。通过上述策略的实施,个人和组织能够更好地利用挑战和失败,并将其作为促进创新的契机,持续推动创新和发展。

思考题

1. 批判性思维与创造性思维的关系

描述批判性思维和创造性思维在解决问题过程中是如何相互作用的。你能提供一个个人或他人在实际生活中运用这两种思维方式解决问题的例子吗？

2. 跨学科学习的价值

思考你所学习的专业，探讨将其他学科的知识融入你的学习计划中可能带来的好处。尝试设计一个小型的跨学科项目，解释它如何能够促进你对本专业知识的理解和应用。

3. 创新思维技巧与工具的应用

思考你在日常学习、工作或生活中遇到的一个具体问题，描述你是如何使用头脑风暴、思维导图、逆向思维或假设测试等技巧或工具来寻找解决方案的。

4. 案例研究：商业和科技领域的创新

选择一个商业或科技领域的创新案例，分析该案例中创新思维的运用。讨论这种创新思维如何帮助解决了特定的问题，并探讨其对行业或社会的影响。

5. 社会创新项目的重要性

讨论创新思维在解决社会问题中的作用。尝试构想一个社会创新项目，解释它如何解决具体的社会问题，并讨论预期的影响。

6. 在团队和组织中推广创新文化

如果你是一个组织的领导者，会采取哪些措施来培养和推广创新文化？考虑实际的策略和活动，解释它们如何能够激发团队成员的创新思维。

7. 面对挑战和失败时保持创新思维

思考一个你或他人在面对挑战或失败时成功保持创新思维的例子。分析在这个过程中你或他人采取了哪些策略，这些策略是如何帮助你或他人克服了挑战或从失败中有所收获的。

第3章 创新思维的实践与挑战

3.1 成功的创新思维案例分析

3.1.1 创新思维在企业成功转型中的应用

案例分析：企业通过创新思维实现产品或服务的革新

（1）案例：华为的智能手机业务转型。

（2）背景：华为最初以制造电信设备起家，后来转型进入消费电子市场，特别是智能手机领域。面对苹果、三星等强劲的国际竞争对手，华为需要通过创新思维找到自己的市场定位。

（3）创新策略：

技术创新：华为投入大量资源用于研发，不仅在硬件上进行创新（如 P 系列和 Mate 系列手机的摄像头技术），还在软件上持续优化（如 EMUI 系统），以及开发自有的麒麟芯片，提高技术自主性。

市场定位创新：华为精准定位于高端智能手机市场，并通过优质的产品和服务赢得消费者信任。同时，也积极开拓中低端市场，满足不同层次人群的消费需求。

国际化战略：华为积极拓展海外市场，采取本地化策略，了解和适应不同国家和地区的市场需求和消费习惯。

品牌建设：通过赞助体育赛事、艺术展览等方式提升品牌形象，同时利用社交媒体和数字营销方式增强与消费者的互动和品牌认知。

（4）结果：凭借创新思维和策略，华为成功将自己从一个通信设备制造商转型为全球领先的智能手机生产商。尽管面临国际市场的政治和经济挑战，华为仍在持续探索新的技术和市场机会，展现了强大的创新能力和市场适应性。

华为的成功转型案例表明，创新思维在企业发展中发挥着重要的作用，尤其是面对激烈竞争和快速变化的市场环境时。通过持续的技术创新、市场策略调整、国际化布局和品牌建设，企业可以获得持久的竞争优势和实现可持续发展。随着创新驱动发展战略的推进，越来越多的企业正将创新思维融入企业文化和战略规划中，通过创新实现转型升级和业务增长。

3.1.2 创新思维在科技发展中的突破

案例分析：科研团队如何通过创新思维解决技术难题

（1）案例：清华大学的超导材料研究。

（2）背景：超导材料在物理学和材料科学领域具有重要地位，因为它们在低温下电阻突然下降到零,有望彻底改变能源传输、磁悬浮交通和量子计算等多个领域。然而,实现室温超导一直是科学界的一个巨大挑战。

（3）创新策略：

跨学科合作：清华大学的科研团队采取跨学科的研究方法,将物理学、化学和材料科学等多个领域的专家聚集在一起,共同探索超导材料的新机理和新结构。

创新实验方法：团队开发了新的实验技术和材料合成方法,能够在更大的压力下合成材料,探索超导现象在极端条件下的表现。

理论与实验相结合：通过先进的理论模拟和计算,预测可能出现超导现象的材料组合和结构,然后通过实验验证理论预测,不断迭代优化。

（4）结果：清华大学的科研团队在超导材料的研究上取得了显著进展,成功合成了在相对较高温度下表现出超导性质的材料。这一突破不仅为实现室温超导提供了新的可能性,也为未来能源传输和量子计算等技术的发展拓宽了新的视野。

清华大学超导材料研究的案例突出了创新思维在科技发展中发挥的重要作用。通过跨学科合作、创新实验方法和理论与实验相结合的策略,科研团队能够突破传统思维的局限,解决长期存在的技术难题。这一案例不仅展示了创新思维如何延展科学研究的边界,也激励着更多的科研人员面对技术挑战时采用创新的思路和方法。随着国家对科技创新的持续投入和对跨学科研究的鼓励,越来越多的科研团队正在通过创新思维取得突破性的科研成果,为国家的科技进步和社会发展做出贡献。

3.1.3 创新思维在社会企业和非营利组织中的应用

案例分析：创新思维如何帮助人们解决社会问题

（1）案例："光明图书室"项目。

（2）背景：在中国的一些偏远农村地区,孩子们因为资源匮乏而难以接触到丰富的阅读材料,这在一定程度上限制了他们获取知识和拓宽视野。

（3）创新策略：

移动图书馆："光明图书室"通过将车辆改装为移动图书馆,将书籍直接送到偏远地区的学校和社区,为孩子们提供定期的图书借阅服务。

社区参与：项目鼓励社区成员参与图书馆的运营和活动组织,通过培训志愿者成为图书管理员,增强项目的可持续性和社区的参与度。

数字资源整合：除了实体书籍外,项目还尝试整合数字阅读资源,通过提供平板电脑并接入互联网,使孩子们能够接触到更广泛的学习材料。

教育活动与工作坊：定期在社区举办阅读促进活动和教育工作坊,增强孩子们的阅读兴趣,同时为教师和家长提供关于如何促进儿童阅读的培训。

（4）结果："光明图书室"项目成功地增加了农村地区孩子们的阅读机会,提高了教育质量,促进了均衡教育的实现。通过创新的服务模式和社区参与机制,项目不仅解决了资源分配的问题,还促进了社区内的教育文化建设。

"光明图书室"项目是创新思维在社会企业和非营利组织中应用的典型案例。它展示了如何通过创新的方法和社区参与来解决社会问题,特别是在教育资源不均衡的背景下。

该项目不仅对受益社区产生了深远的正面影响，也为其他社会企业和非营利组织提供了解决类似问题的启示。随着社会创新和公益事业的不断发展，越来越多的组织正在采用创新思维来推动社会进步，努力解决教育、健康、环境等领域的社会问题。

3.2 面对失败与挑战的创新思维

3.2.1 分析创新过程中常见的挑战与困难

创新过程充满了不确定性和挑战。理解这些挑战和困难是寻找解决策略和保持创新动力的关键。以下是创新过程中一些常见的挑战与困难。

1. 资源限制

创新通常需要时间、资金和技术资源的投入。资源的限制可能阻碍创新项目的实施，尤其是对于初创企业和非营利组织而言。

2. 市场接受度低

创新产品或服务可能面临市场接受度低的问题。消费者对新事物的接受和适应需要时间，市场对创新的快速响应则是成功的关键。

3. 技术难题

技术上的挑战是创新过程中经常遇到的难题。这些难题可能涉及新材料的开发、新技术的应用或现有技术的改进。

4. 组织文化与结构

组织内部的文化和结构可能不利于创新。在一些组织中，害怕失败的文化、缺乏支持创新的激励机制，以及僵化的管理结构，都可能阻碍创新思维的发展。

5. 知识和技能缺乏

创新往往需要特定的知识和技能，缺乏这些知识和技能可能会限制创新的可能性和效率。

6. 法律和政策限制

法律和政策框架有时可能不利于创新活动，特别是在快速发展的技术领域，现有的法律和政策可能跟不上技术发展的步伐。

7. 团队协作问题

创新往往需要团队合作。团队成员之间的沟通不畅、目标不一致或协作不充分，都可能成为创新过程中的阻碍。

面对这些挑战和困难，创新思维的实践包括持续学习和适应、采用灵活的策略、鼓励团队协作和沟通，以及构建支持创新的组织文化和结构。通过这些努力，个人和组织可以增强面对挑战的韧性，促进创新项目的成功实施。随着创新驱动发展战略的深入实施，政府和社会各界正致力于解决这些挑战，为创新创业提供更加有利的环境和支持。

3.2.2 创新思维如何帮助克服失败

案例分享：失败中吸取的教训与转机

（1）案例：小米科技的初期挑战。

（2）背景：小米科技在成立初期，面临智能手机市场的激烈竞争。尽管其产品具有性价比高的特点，但在品牌认知、市场定位和供应链管理等方面遇到了重大挑战。

（3）失败：小米在最初几年因产品供不应求遭遇用户不满，同时也面临了来自对手的激烈竞争，这些问题在一定程度上影响了小米的市场表现和品牌形象。

（4）创新思维的应用：

用户参与的创新模式：小米采用了用户参与的产品开发模式，积极收集用户反馈，快速迭代产品。这种模式不仅提升了产品质量，也增强了用户的品牌忠诚度。

"互联网+"销售策略：面对销售渠道的挑战，小米创新性地采用了在线销售模式，减少了中间环节，降低了成本，同时利用社交媒体进行营销，快速提升了品牌知名度。

供应链优化：针对供应链问题，小米加强了与供应商的合作，优化了库存管理，确保了产品供应的稳定性和及时性。

转机与教训：通过上述创新思维的应用，小米成功克服了初期的挑战，逐步稳固了其在智能手机市场的地位，并成功拓展到智能家居、电子产品等多个领域。小米的案例表明，面对失败和挑战时，通过创新思维寻找问题的根本原因，并采取有效的应对策略，可以将失败转化为成功的机会。

小米科技的经历强调了面对失败时创新思维的重要性。创新不仅仅是技术或产品上的突破，更是在策略、管理和业务模式等方面进行的持续探索和改进。随着创新文化的推广和企业家精神的鼓励，越来越多的企业和组织正在学习如何在失败中汲取教训，通过创新思维找到新的发展方向和机会。

3.2.3 建立韧性：面对挑战时的创新策略

实践建议：如何在逆境中保持和培养创新思维

在逆境中保持和培养创新思维是建立个人和组织韧性的关键。以下实践建议可以帮助人们在挑战面前保持创新的火花。

（1）接受并拥抱变化：将变化视为学习和成长的机会。面对挑战时，保持开放的心态，积极寻找变化中的机会和潜在的创新点。

（2）持续学习和适应：不断学习新的知识和技能，保持对行业趋势和技术发展的敏锐观察。适应能力强的个人和组织更容易在逆境中找到创新的解决方案。

（3）培养多元思维：鼓励跨学科学习和思考，结合不同领域的知识和方法，产生独特的创新思路。

（4）建立支持网络：在团队和社会网络中建立支持系统，分享经验、教训和创意，互相鼓励和支持，增强面对挑战时的韧性。

（5）实施小规模试验：面对不确定性时，通过小规模的试验和原型测试来验证想法。这种方法可以减少风险，同时有助于快速学习和调整。

（6）鼓励反馈和迭代：积极寻求并且开放接受反馈，将其作为改进和创新的机会。通过持续的迭代过程，人们逐步完善想法和解决方案。

（7）培养积极的失败文化：在组织中建立一种将失败视为学习过程一部分的文化。鼓励团队成员分享失败经历和教训，从中学习，而不是惩罚失败。

（8）聚焦长期目标：保持对长期目标的聚焦，即使在短期内遇到挑战和失败。长期的目标可以帮助人们保持动力和把控方向，避免因短期的挫败感而偏离创新的方向。

通过这些实践建议，个人和组织可以在面对逆境时保持和培养创新思维，建立起应对挑战的韧性。随着经济社会的快速发展和复杂性增加，面对挑战和失败的韧性成为推动持续创新和可持续发展的重要能力。

3.3　创新思维在团队中的应用

3.3.1　促进团队创新思维的条件与环境

创建支持创新的组织文化

在团队和组织中，创建一个支持创新的文化是促进创新思维的关键。以下是建立这种文化的一些策略。

（1）明确鼓励创新的领导承诺：领导层应明确表达对创新的支持和承诺，将创新定位为组织发展的核心战略之一。领导者的态度和行为对于形成组织文化具有决定性影响。

（2）建立多元包容的环境：创新需要多样性和包容性的环境，鼓励拥有不同背景、经验和观点的人交流与碰撞。多元化的团队更容易产生创新的想法和解决方案。

（3）提供时间和资源：给予团队成员时间和资源去探索新想法，进行试验和原型开发。这表明，组织对创新的支持不仅仅是口头上的，而是具体行动上的。

（4）建立正面对待失败的文化：在组织中培养一种将失败视为学习和成长机会的文化。分析失败案例和吸取教训，鼓励团队成员在失败中找到价值，减少对失败的恐惧。

（5）激励和奖励创新：设立激励机制，奖励那些敢于尝试新想法和成功创新的个人和团队。这可以是财务奖励、职位晋升，或者公开认可和表彰。

（6）促进跨部门合作：鼓励跨部门或跨学科的合作项目，打破信息孤岛，促进知识共享和思维碰撞。这种合作能够增强团队的综合创新能力。

（7）持续学习和培训：提供与创新相关的培训和学习机会，帮助团队成员提高创新思维和实践技能。这包括参加研讨会、工作坊，以及利用在线教育资源。

（8）开放式沟通和反馈机制：建立开放式沟通的渠道，让团队成员自由地表达想法和建议，同时提供及时的反馈。这种沟通机制有助于快速迭代和改进创新想法。

通过上述策略，组织可以创建一个促进创新思维发展的环境，不仅能够较好地挖掘团队成员的创新潜力，还能够提高组织的整体竞争力和适应性。随着创新驱动发展战略的实施，越来越多的企业和组织正积极构建支持创新的文化，以应对快速变化的市场环境和社会挑战。

3.3.2　团队中创新思维的培养方法

案例分析：团队如何共同解决复杂问题

（1）案例：腾讯微信团队解决用户增长瓶颈。

（2）背景：在微信早期发展阶段，尽管用户基数迅速增长，但微信团队仍面临用户活跃度和留存率提升的挑战。为了维持持续的增长态势，团队需要创新解决方案来提升用户体验和增加用户黏性。

（3）团队中创新思维的培养方法如下。

跨功能小组：微信团队组织跨功能小组，包括产品设计师、工程师、市场专家和用户体验专家，针对问题共同进行头脑风暴和方案设计。

用户为中心的设计思维：团队采用用户为中心的设计思维方法，深入理解用户需求和行为，通过用户调研和数据分析，识别用户痛点。

快速构建原型和迭代：对于潜在的解决方案，团队快速构建原型并进行小规模测试，根据反馈进行迭代优化，以寻找最有效的改进措施。

鼓励开放式沟通和反馈：团队内部保持开放式沟通，鼓励成员之间相互提供真诚的反馈和建议，共同促进创意的生成和优化。

解决方案：在微信中引入"朋友圈"功能，成功地解决了用户活跃度和留存率的问题。朋友圈作为一个社交分享平台，极大地提升了用户黏性和日常活跃度，成为微信最受欢迎的功能之一。

（4）结果和影响：通过团队的共同努力和创新思维，微信成功突破了用户增长的瓶颈，巩固了其在社交应用市场的领先地位。这一创新也促进了微信生态系统的扩展，为后续的产品和服务创新奠定了基础。

微信团队解决复杂问题的案例展示了团队中创新思维的培养方法：跨领域合作、用户为中心的设计思维、快速构建原型和迭代以及开放式沟通和反馈。这些方法不仅适用于技术或产品开发团队，也适用于任何需要共同解决复杂问题的团队。随着创新和团队协作日益被重视，这种跨领域、以用户为中心的创新方法正在成为越来越多企业和组织解决问题与推动发展的重要手段。

3.3.3 管理和领导创新团队的策略

指导原则：如何激励和引导团队的创新活动

管理和领导创新团队需要特定的策略和方法，以确保团队成员能够最大限度地发挥其创新潜能。以下指导原则可帮助人们激励和引导团队的创新活动。

（1）建立共享愿景：明确并传达一个共享的创新愿景，确保每个团队成员都理解并致力于实现这一愿景。这有助于增强团队的凝聚力和目标一致性。

（2）创建支持创新的环境：创建一个安全、开放和包容的工作环境，鼓励团队成员提出想法并尝试新的事物，即使这些尝试可能不会总是成功。

（3）提供资源和时间：确保团队有足够的资源（如资金、设备和信息）和时间来探索和试验新想法。这包括为创新活动提供专门的时间和空间。

（4）促进跨学科合作：鼓励团队成员跨领域合作和学习，利用多样化的知识和技能来增强创新能力。跨学科的视角可以带来新的洞察和解决方案。

（5）实施激励和认可机制：通过物质和精神上的激励措施，如奖金、晋升机会和公开表扬，认可和奖励创新成果与努力。这有助于激发团队成员的积极性和创新热情。

（6）鼓励学习和迭代：鼓励团队采用快速构建原型和迭代的方法，从实践中学习，根据反馈调整和优化想法。将失败视为学习和成长的机会，而不是要避免的结果。

（7）培养领导力和自主性：鼓励团队成员发展领导力，赋予他们更多自主权来推动项目创新。领导者应作为指导者和支持者，而不仅仅是决策者。

（8）开放沟通和反馈：保持团队内部的开放沟通渠道，鼓励透明和即时的反馈。这有助于及时发现并解决问题，同时促进知识和想法的共享。

通过遵循这些指导原则，领导者可以有效地激励和引导团队创新，促进团队内部组织创新活动。随着创新越来越成为企业和组织发展的核心动力，越来越多的领导者正在采用这些策略，以建立更加动态和有活力的团队文化，驱动创新持续推进。

3.4　从实践到反思：创新思维的持续发展

3.4.1　个人与团队的持续学习和成长路径

为了确保创新思维的持续发展，个人和团队都需要投入到一个永无止境的学习和成长过程中。以下是促进持续学习和成长的路径和策略。

1. 设定学习目标

为个人和团队设定清晰的学习目标和期望，这些目标应具挑战性但可实现，与创新愿景和战略目标相一致。

2. 制订学习计划

根据设定的学习目标，制订详细的学习计划。这可能包括参加专业课程、研讨会、在线学习、行业会议，以及阅读和研究等多种方式。

3. 实践和应用

将学到的知识和技能应用到实际工作和项目中。通过实践，个人和团队可以深化理解，同时发现新的学习需求和改进机会。

4. 促进知识共享

在团队和组织内部建立知识共享机制，如定期的分享会、工作坊或内部论坛。这有助于传播新知识，促进团队成员间的学习和启发。

5. 鼓励反思和反馈

定期进行反思，评估学习成果和应用效果，同时开放收集并给予反馈。这一过程有助于个人和团队把握未来的学习方向。

6. 持续的挑战和创新

为个人和团队提供持续的挑战，鼓励他们探索未知领域和尝试新的解决方案。这种持续的挑战有助于激发创新思维，推动持续成长。

7. 培养成长型心态

相信能力和智力是可以通过努力和学习来提升的。这种心态鼓励个人和团队面对挑战时保持积极和开放的态度。

8. 利用技术和资源

充分利用现有的技术和资源，如在线课程平台、虚拟合作工具和专业社区，以支持学习和成长。

通过这些策略，个人和团队可以在创新的道路上持续进步，不断提升创新能力和竞争力。随着创新成为国家发展的核心驱动力，越来越多的企业和组织在运用这些促进持续学习和成长的路径，以适应快速变化的环境，迎接未来的挑战，推动创新和发展。

3.4.2 反思与改进：如何评估和优化创新过程

在创新过程中，持续的反思和改进是至关重要的。这不仅有助于评估当前的创新实践和成果，还能够发现潜在的改进空间，从而优化未来的创新活动。以下是评估和优化创新过程的关键步骤。

1. 设定评估指标

根据创新项目的目标和愿景，明确设定可量化和具体的评估指标。这些指标可以包括产品开发周期、市场反馈、用户满意度、团队协作效率等。

2. 定期检视和评估

定期对创新项目进行检视和评估，使用之前设定的指标来衡量进展和成效。这有助于及时发现问题、调整策略，并做出必要的决策。

3. 收集多方反馈

从团队成员、用户、合作伙伴等多个角度收集反馈。多角度的反馈可以提供全面的视角，揭示创新过程中未被注意到的问题和机会。

4. 进行成本—效益分析

对创新活动进行成本—效益分析，评估资源的投入是否产生了预期的价值和收益。这有助于优化资源配置，提高创新活动的效率和效果。

5. 识别和分析失败

对失败的项目或尝试进行深入分析，识别失败的原因和背后的教训。通过系统地了解失败，可以避免重复犯错误，同时发现新的改进和创新机会。

6. 分享和讨论反思结果

将评估和反思的结果在团队或组织内部分享和讨论。这种开放的讨论有助于共同理解问题，激发新的想法，并促进团队协作和知识共享。

7. 制订改进计划

基于评估和反思的结果，制订具体的改进计划。这个计划应包括改进的目标、实施步骤、责任分配和时间表。

8. 持续追踪和调整

在实施改进计划的过程中，持续追踪进展，并根据实际情况做出调整。这种灵活和迭代的过程有助于确保改进措施能够有效实施,达到预期的效果。

通过这些步骤,个人和组织可以有效地评估和优化创新过程,从而在不断变化的环境中保持竞争力和创新能力。随着创新文化的不断深化,越来越多的企业和组织正在采纳这种持续反思和改进的方法,以推动创新的持续发展和成功。

3.4.3 未来展望:创新思维在新领域的应用前景

创新思维不仅推动了技术进步和商业模式的革新,也在不断应用到新的领域和行业,展现出广阔的应用前景。以下是创新思维未来在几个新领域的应用展望。

1. 可持续发展与环境保护

随着全球气候变化和环境退化的挑战日益严峻,创新思维在可持续发展和环境保护领域的应用将变得更加重要。通过开发新的清洁能源技术、可持续材料,以及环境友好的生产过程,创新思维将帮助实现经济发展与环境保护的和谐共存。

2. 健康医疗与生命科学

创新思维将继续推动健康医疗和生命科学领域的革命,包括精准医疗、遗传工程、人工智能在医疗诊断和治疗中的应用等。通过整合跨学科的知识和技术,创新思维将为提高全球公共卫生水平和延长人类寿命开辟新途径。

3. 教育与学习

创新思维在教育领域的应用将重塑传统教学和学习方式,促进个性化学习、在线教育和终身学习的普及。通过利用新技术和教育理念,创新思维将帮助人们构建更加公平、高效和灵活的教育体系。

4. 智慧城市与社区发展

随着城市化进程的加速,创新思维在智慧城市建设和社区发展中的作用日益凸显。通过整合物联网、大数据、人工智能等技术,创新思维将促进城市管理的智能化,提高城市居民生活质量,并推动社区的可持续发展。

5. 农业与食品安全

在全球人口增长和资源紧张的背景下,创新思维将在提高各种作物产量、保障食品安全和促进农业可持续发展中发挥关键作用。通过精准农业、生物技术和智能农业系统等创新的应用,人们可以提高农业生产效率,减少资源浪费,并保护生态环境。

6. 能源转型与管理

创新思维将引领能源领域的转型,包括开发新型能源、提高能源利用效率和推动能源系统的智能管理。通过创新解决方案,人们可以实现能源的可持续利用,满足全球不断增长的能源需求,同时减少对环境的影响。

随着社会和技术的快速发展,创新思维将在更多新领域和行业发挥关键作用,推动社会进步和人类福祉的增进。随着创新成为国家战略的核心,创新思维在新领域的应用前景尤为广阔,预计将为中国乃至全球社会经济的发展带来深远影响。

思考题

1. 分析创新案例

选择一个你熟悉的企业或组织,分析它是如何通过创新思维解决特定问题或实现转型的。讨论它在创新过程中遇到的主要挑战以及它是如何克服这些挑战的。

2. 反思个人经历

回想你尝试解决某个问题或实现某个目标时采用的创新方法。这次尝试成功了吗?从这个过程中,你学到了什么?如果再次面对类似情况,你会做出什么改变?

3. 团队创新活动

描述一个理想的团队创新环境应该具备哪些特质。讨论领导者和团队成员应如何行动,以促进这种环境的形成。

4. 评估创新过程

思考对于一个创新项目或活动的评估过程应该包含哪些元素,如何确保这个评估既全面又公正。提出一套可能的评估标准和流程。

5. 创新思维的未来应用

考虑创新思维在未来可能的应用领域,例如可持续发展、公共健康或教育。你认为在这些领域,创新思维将如何促进解决方案的发展?请提出一些具体的想法或方案。

6. 构建韧性策略

当团队在创新过程中遇到挫折时,作为团队领导或成员,你会采取哪些策略来保持团队的动力和韧性?请结合实际例子或假设情境进行讨论。

7. 持续学习的重要性

讨论在快速变化的环境中个人和团队如何通过持续学习来维持和增强创新能力。你认为哪些学习方法最有效?为什么?

第 2 部分

从创新思维到创业素质

第 4 章　创新与创业的相互促进

4.1　创新思维与创业精神的联系

4.1.1　定义和区分创业精神与创新思维

1. 定义

创新思维：指的是寻求新方法、新概念或新解决方案的能力和过程。它涉及对现有知识、技术、产品或服务的重新组合或改进，以创造新的价值。

创业精神：通常指启动和管理新企业的过程中所展现的主动性、风险承担、创造性和持续推动创新的能力。创业精神不仅仅是创立新企业，也包括在现有组织内部推动创新和改革。

2. 区分

尽管创新思维和创业精神都强调新颖性和创造性，但它们在聚焦点和应用上有所区别。创新思维更侧重于思考和创造新想法、新技术或新方法，创业精神则侧重于将这些创新想法转化为实际的商业实践，包括筹集资金、市场营销、产品开发和组织管理等。

3. 相互作用和依赖性

（1）从创新到创业：创新思维是创业成功的重要基石。创新的产品或服务可以为创业项目提供独特的市场定位和竞争优势。没有创新思维，创业项目可能难以在激烈的市场竞争中脱颖而出。

（2）创业推动创新：创业精神促进了创新思维的应用和发展。创业过程中的挑战和需求激发个人或团队寻找新的解决方案，推动技术和管理创新。创业活动为创新提供了试验和验证的平台，帮助人们将创新想法转化为实际产品和服务。

（3）互补关系：在现代经济中，创新和创业之间存在着密切且复杂的互补关系。创新提供了创业的机会，创业活动又是实现创新成果商业化的关键途径。二者共同推动了经济增长、社会进步和技术发展。

在讨论创新思维和创业精神的相互促进关系时，重要的是认识到它们之间的相互依赖性和互补性。通过培养创新思维和创业精神，个人和组织可以更有效地应对快速变化的市场环境，探索和把握新的商业机会。随着创新和创业环境的不断改善与政策支持力度的加强，创新与创业的相互促进已成为推动经济发展和社会进步的关键力量。

在历史和当代，许多创业者通过创新思维激发了创业精神，推动了行业变革和社会进步。以下是几个典型例子。

（1）历史上的创业者。

- 托马斯·爱迪生。

创新思维：爱迪生被广泛认为是历史上最伟大的发明家之一，他拥有超过1000项专利。他的创新思维不仅体现在发明本身，还体现在他对发明和创业之间关系的理解上。

激发创业精神：爱迪生的发明如留声机、电灯等，不仅改变了世界，还促成了多个产业的兴起。爱迪生不仅是发明家，也是实业家，他创立的公司成为后来通用电气（GE）的基础，展示了如何将创新思维转化为实际的创业活动。

（2）当代创业者。

- 马云。

创新思维：马云是阿里巴巴集团的创始人，他通过创新思维解决了中国早期电子商务领域的信任问题，创立了支付宝，保证了买卖双方的交易安全。

激发创业精神：马云的创新不仅仅局限于技术或商业模式，更体现在他对企业文化和社会责任的重视上。他的领导力和创业精神激励了一代又一代的创业者，推动了中国电子商务和数字经济的快速发展。

- 埃隆·马斯克。

创新思维：埃隆·马斯克以其在多个领域的创新而闻名，包括电动汽车（特斯拉）、太空探索（SpaceX）和高速交通（Hyperloop）。他的创新思维不仅仅体现在技术上的突破，更体现在其对未来愿景的追求。

激发创业精神：马斯克的创业精神和冒险精神激励了全球创业者与创新者。他敢于挑战传统行业，解决被认为不可能解决的问题，推动了技术和社会的进步。

这些例子表明，创新思维是激发创业精神的强大动力。无论是历史上的发明家还是当代的企业家，他们都通过创新思维解决问题，开拓新领域，不仅实现了个人的成功，也促进了社会和经济的发展。随着创新驱动发展战略的实施，越来越多的创业者通过创新思维解决社会问题，推动产业升级，展现了创新思维和创业精神相互促进的生动实践。

4.1.2　创新思维对培养创业精神的影响

创新思维对于培养创业精神具有深远的影响，尤其是在识别和抓住商机的过程中发挥着至关重要的作用。以下分析展示了创新思维如何促进创业精神，特别是在发现和利用商业机会方面。

1. 提高问题发现能力

创新思维鼓励个体对现有情况进行批判性分析，从而识别出潜在的问题和需求。这种能力使创业者发现尚未被满足的市场需求，或者服务与产品的不足，为创业提供初步的方向和焦点。

2. 促进机会识别

创新思维使人能够从非传统角度看待问题，通过结合不同的知识、技术或资源，发现新的商业机会。这种跨界思维是识别独特商机的关键，特别是在高度竞争或快速变化的市场中。

3. 增强解决方案创造力

一旦识别出潜在的商机，创新思维能够帮助创业者设计独特且有效的解决方案。这不仅包括产品或服务的创新，还涵盖商业模式、营销策略和运营流程的创新。

4. 提高风险评估和管理能力

创新思维强调在不确定性中寻找和利用机会，这要求创业者具备风险评估和管理的能力。通过创新思维，创业者能够更好地预见潜在风险，设计缓解措施，并将风险转化为创新的推动力。

5. 促进资源的创新利用

在资源有限的情况下，创新思维鼓励创业者以创造性的方式利用现有资源，找到成本效益高的解决方案，从而实现资源价值和效率的最大化。

6. 鼓励持续学习和适应

创新思维促使创业者持续学习新知识、技术和了解市场趋势，以保持其商业模式和产品服务的竞争力。这种持续的适应和学习能力是应对市场变化和保持创业活动活力的关键。

通过上述分析可以看出，创新思维对培养创业精神具有重要的影响。它不仅增强了创业者识别和抓住商机的能力，还促进了对商业问题的创造性解决，从而推动了创业项目的成功。随着经济转型和创新驱动发展策略的推进，创新思维在培养创业精神和激发创业活力方面发挥着越来越重要的作用。

培养创新思维对于提高人们的创业能力至关重要，因为它提供了一种探索未知、解决问题，并在激烈的市场竞争中寻找新机会的思维方式。以下是一些通过培养创新思维来加强创业能力的策略。

1. 鼓励好奇心和持续探索

好奇心驱动着创新和学习。鼓励自己和团队成员对周围的世界保持好奇，不断探索新知识、新技术和新市场趋势，可以激发创新思维并识别新的商业机会。

2. 采用跨学科学习方式

跨学科的知识和技能可以拓宽人们的视野，促进思维碰撞，带来新的创意和解决方案。通过学习不同领域的知识，人们可以增强解决复杂问题的能力。这对于创业非常重要。

3. 培养批判性和反思性思维

批判性思维能够帮助创业者分析和评估不同的想法与方案，识别潜在的风险和问题。反思性思维则促使创业者从经验中学习，不断调整和改进商业模式与策略。

4. 实践创意解决问题的方法

将诸如设计思维、头脑风暴、思维导图等创意解决问题的方法应用到实际中，可以激发人们新的想法并找到创新的解决方案。这些方法促进了创业过程中灵活性和创造性的思考。

5. 创建支持创新的环境

创造一个支持创新和容忍失败的环境，鼓励尝试和试验。这种环境可以减少人们对失败的恐惧，激励创业者和团队成员勇于探索新想法和创新的商业模式。

6. 建立多样化的网络

通过建立和维护一个多样化的人脉网络，人们可以获得不同的视角和资源。这对于创新和创业至关重要。多样化的网络可以为人们提供新的合作机会、市场洞察和支持资源。

7. 持续迭代和快速原型制作

在创业过程中采用持续迭代和快速原型制作的方法，可以快速验证想法和满足市场需求，及时调整方向。这种灵活和迭代的方法有助于减少资源浪费，加速产品的上市或服务的改善。

8. 鼓励领导力和团队合作

在创业过程中，领导力和团队合作至关重要。培养具有创新思维的领导者和团队，可以促进知识分享、协作和集体创新。

通过这些策略培养创新思维，创业者不仅能够提高自己的创业能力，还能够建立更具创新性和竞争力的企业。随着创新和创业生态系统的不断成熟和发展，越来越多的创业者和组织正通过培养创新思维来探索新的商业机会与推动持续发展。

4.1.3 反思与讨论：个人经验与案例反思

在理解创新与创业之间的相互作用和依赖性时，个人经验和案例反思能提供深刻的洞察。以下引导问题旨在鼓励读者结合自己的经历或观察到的例子进行反思。

1. 创新激发创业的例子

回想或寻找一个创新思维直接导致实施创业行动的例子。这个创新是如何识别出新的商业机会的？创业者是如何利用这个创新来建立自己的企业或开发产品的？

2. 创业推动创新的实践

思考一个创业过程如何促进了创新的案例。在这个过程中，创业活动是如何推动技术或服务创新的？创业者面临哪些挑战，又是如何克服这些挑战的？

3. 失败的教训与成功的经验

考虑一个创业失败或成功的案例，反思其中的创新元素。影响失败或成功的关键因素是什么？从这个经历中，你可以得到哪些关于创新与创业关系的教训？

4. 创新思维在创业过程中的作用

在个人经历或观察中，创新思维在创业过程中扮演了什么角色？它是如何帮助创业者识别机会、解决问题或克服挑战的呢？

5. 跨学科合作带来的创新

是否有跨学科合作促进创新和创业成功的例子？在这些例子中，不同领域的知识和技能是如何结合，产生新的商业价值的？

通过对这些问题的反思和讨论，读者可以更深入地理解创新与创业之间的复杂关系，以及创新思维如何在实际中促进创业活动。这种反思不仅能够提供宝贵的个人洞察，还能激发人们在未来创业项目中的创新思维。

我们鼓励读者分享自己的经验和观察，无论是通过书面作业、社交媒体讨论还是课堂和工作坊讨论。通过分享和讨论，我们可以共同学习和成长，更好地理解创新与创业的动态交互作用。

4.2 创新思维在创业过程中的应用

4.2.1 创新思维在不同创业阶段的作用

创业过程可以分为多个阶段，每个阶段都有其特定的目标和挑战。创新思维在这些不同阶段扮演着至关重要的角色，帮助创业者识别机会、解决问题并有效地推进项目。以下是创业的各个阶段及创新思维在其中发挥的作用。

1. 创意生成（ideation）

在这个阶段，创新思维帮助创业者识别和形成新的商业想法。通过批判性思考和创意方法（如头脑风暴、思维导图等），创业者可以探索潜在的市场需求、技术趋势和未被满足的用户需求，从而生成可行的商业创意。

2. 市场验证（market validation）

一旦生成创意，下一步是验证这个创意是否有实际的市场需求。创新思维在这个阶段促使创业者采用不同的方法和途径来测试与验证他们的假设。例如，通过构建最小可行产品（MVP）、进行市场调研或搭建原型来收集潜在用户的反馈。

3. 产品开发（product development）

在产品开发阶段，创新思维指导创业者在设计和开发产品时考虑独特的功能、用户体验和技术实现方式。创新不仅体现在产品的新颖性上，也体现在解决用户问题的方法和产品开发流程的优化上。

4. 市场推广（market launch and promotion）

当产品或服务准备进入市场时，创新思维对于设计有效的市场推广策略至关重要。这包括利用创新的营销渠道、采用新颖的传播方式或构建独特的品牌故事，以区别于竞争对手并吸引目标用户。

5. 增长和扩展（growth and scaling）

在产品成功进入市场并开始获得用户认可之后，创业项目进入增长和扩展阶段。创新思维在这个阶段帮助创业者探索新的增长机会，如市场扩展、产品线多样化或新的商业模式创新，以持续推动企业发展。

6. 持续创新（sustaining innovation）

即使企业已经稳定运营，持续的创新思维也是必不可少的。它保证企业能够不断更新其产品和服务，应对市场变化，同时寻找新的增长点和优化运营效率的机会。

在每个创业阶段，创新思维都能够帮助创业者更好地应对挑战，抓住机会，从而提高创业项目的成功率。随着创新和创业环境的日益成熟，越来越多的创业者意识到在整个创业过程中持续应用创新思维的重要性，以此来推动企业的持续成长和发展。

4.2.2 创业中面临的挑战与创新解决策略

创业过程充满了挑战，从资源的稀缺、市场的不确定性到竞争的激烈等。以下是几个常见的创业挑战及通过创新思维解决这些问题的案例。

1. 资源限制

（1）挑战：初创企业常常面临资金、人才和技术资源有限的问题。

（2）创新解决策略：Kickstarter 平台通过众筹模式解决了资金问题。通过让消费者预购产品或服务，Kickstarter 帮助创业者在没有传统融资渠道的情况下筹集资金，同时验证了市场需求。

2. 市场接受度低

（1）挑战：新产品或服务可能难以获得市场的快速认可。

（2）创新解决策略：Dropbox 实施"增长黑客"策略，通过提供额外的存储空间奖励已有用户推荐新用户，成功提高了产品的市场接受度和用户增长率。

3. 激烈的市场竞争

（1）挑战：在许多领域，创业公司面临与已建立的大型企业的竞争。

（2）创新解决策略：小米通过社交媒体和粉丝社区与用户保持密切的互动，利用用户反馈快速迭代产品，同时采用性价比战略，在竞争激烈的智能手机市场中快速崛起。

4. 产品开发过程中的技术挑战

（1）挑战：技术创新往往伴随着技术实施的难题。

（2）创新解决策略：特斯拉在电动车技术方面面临巨大挑战。通过自主研发电池技术和软件系统，它不仅解决了电动汽车的续航和性能问题，还颠覆了整个汽车行业。

5. 客户需求理解不足

（1）挑战：创业者可能因为对市场理解不足而开发出与用户需求不匹配的产品。

（2）创新解决策略：Airbnb 在初期通过亲自访问用户，了解用户需求和使用体验问题，基于收集到的反馈对平台进行改进，最终成功解决了住宿市场中的空缺和用户需求匹配问题。

这些案例表明，创新思维不仅是解决创业过程中问题的关键，也是寻找和利用新机会、实现市场差异化的重要工具。通过持续的创新实践，创业者可以在竞争中脱颖而出，实现业务的可持续增长。随着创新驱动发展战略的深入实施，越来越多的创业项目通过创新思维克服了创业过程中的各种挑战，实现了快速发展和成功。

4.2.3 案例分析：从失败中学习

失败是创业过程中不可避免的一部分，但正确地从失败中学习是创业成功的关键。以下是一个著名的创业失败案例分析，以及关于人们是如何通过创新思维进行调整和重新尝试的讨论。

（1）案例：Webvan。

（2）背景：Webvan是一家在线杂货配送服务公司，于1996年在美国成立，在互联网泡沫期间迅速扩张。它提出了一个革命性的商业模型，旨在通过网站让用户订购食品和日用品，并承诺在指定时间内送货上门。

（3）失败原因：

过度扩张：Webvan过早地在全美多个城市扩张，而没有先在单一市场验证其商业模型的可行性。

高昂的基础设施成本：公司投入巨额资金用于建立高度自动化的配送中心，这使得运营成本极高。

市场需求估计过高：Webvan高估了市场对在线杂货购物的需求，实际上消费者对此并不像预期中那样热衷。

（4）通过创新思维进行调整：

市场验证：从Webvan的失败中学习，后来的在线杂货和食品配送服务公司，如Instacart，采取了更为谨慎的策略。它们首先在有限的区域进行市场验证，逐步扩大服务范围。

灵活的供应链管理：与Webvan自建昂贵的配送中心不同，后续公司通过与现有超市合作，利用现有的物流和供应链资源，大幅降低了成本。

客户需求理解：深入理解消费者的购物习惯和偏好，通过提供更加个性化的服务和产品来吸引用户，如提供即时配送服务、优质食品选择等。

（5）重新尝试：创业者可以从Webvan的案例中学到，成功的创业不仅需要创新的想法，还要有对市场的深刻理解、合理的成本控制和灵活的战略调整。在重新尝试时，通过小规模试验、持续的市场反馈收集和快速迭代，可以有效地降低失败的风险并逐步找到正确的商业模式。

通过分析Webvan等失败的案例，创业者可以学习到在面临挑战时如何运用创新思维对策略进行调整，从而在未来的创业道路上取得成功。随着创业环境的不断成熟和创业者对失败教训的重视，越来越多的创业项目通过灵活调整和创新思维解决了早期存在的问题，最终实现了商业成功。

4.3 培养创业所需的创新素质

4.3.1 识别和发展关键的创业素质

创业不仅依赖于商业想法，更受到创业者本身的素质和技能影响。以下是在创业过程中最为关键的个人素质和技能,以及关于人们如何发展这些素质的介绍。

1. 创新思维

(1)解释:能够思考如何以新的方式解决问题,不断寻找改进和创新的方法。

(2)发展方法:培养好奇心,经常尝试新事物,跨学科学习,通过设计创意思维和创意解决问题的练习来增强。

2. 风险承担与管理

(1)解释:愿意承担合理的风险,并能有效管理风险,确保创业项目的稳定发展。

(2)发展方法:通过模拟创业项目、学习风险评估技巧和财务管理来提高风险管理能力。

3. 持久的动力和毅力

(1)解释:面对创业过程中的挑战和失败依然能够坚持下去,不轻易放弃。

(2)发展方法:设定明确的目标,庆祝小成就,学习如何从失败中恢复,培养积极的心态。

4. 适应性和灵活性

(1)解释:能够快速适应市场变化和新情况,对策略和计划进行及时调整。

(2)发展方法:培养开放心态,学习敏捷方法论,通过多种情境模拟练习提高应变能力。

5. 领导力和团队管理

(1)解释:能够激励和管理团队,引导团队朝着共同目标前进。

(2)发展方法:参加领导力培训,实践团队项目,学习沟通和冲突解决技巧。

6. 网络建设和社交能力

(1)解释:能够建立和维护广泛的人际关系网络,这对于资源获取、市场推广和合作伙伴关系的建立至关重要。

(2)发展方法:参与行业活动和社交聚会,主动与他人交流,学会利用社交媒体和专业网络平台。

7. 市场洞察和客户导向

(1)解释:理解市场趋势和客户需求,确保产品或服务能够满足目标市场需求。

(2)发展方法:进行市场研究,学习数据分析技巧,建立用户反馈循环。

通过系统地识别和发展这些关键的创业素质和技能,创业者可以提高自己的创业成功率。随着创业教育不断发展和培训资源的日益丰富,越来越多的创业者有机会通过各种渠道提升自己的创业素质,从而更好地应对创业过程中的挑战。

4.3.2 实践指导:练习和活动

为了帮助读者实践和加强创新思维与创业素质,下面提供一系列具体的练习、活动和策略。

1. 设计思维工作坊

参加或自行组织设计思维工作坊,通过团队合作解决实际问题。这种方法强调用户中心、原型制作和迭代，有助于培养创新思维和解决问题的能力。

2. 创业模拟游戏

参与创业模拟游戏或竞赛，如模拟创立一家公司，包括从市场调研到产品开发、财务规划和营销策略等全过程。这种活动可以帮助人们理解创业的各个方面，并在实践中学习。

3. "失败夜"分享会

参加或组织"失败夜"活动，邀请创业者分享他们的失败经历及教训。这种活动鼓励对失败的开放态度，促进人们从失败中学习和成长。

4. 头脑风暴会议

定期举行头脑风暴会议，针对特定的问题或机会进行集体思考。鼓励自由思想的流动和无限制想法的生成，可以激发创新思维。

5. 最小可行产品（MVP）开发

选择一个商业想法，开发一个最小可行产品（MVP），并在有限的用户群中进行测试。这个过程有助于快速学习和迭代，同时验证市场需求。

6. 个人成长计划

制订一个个人成长计划，设定具体的学习目标，如学习新的技能、参加特定的培训课程或阅读特定的图书。通过持续学习，可以不断强化创新思维和提高创业素质。

7. 定期写反思日记

形成一个定期反思的习惯，通过写日记的方式记录下每天或每周的经历、想法和感受。这有助于深化对自己行为和决策的理解，促进个人反思和成长。

8. 参加网络活动

主动参与行业会议、社交活动和在线论坛，与来自不同背景和领域的人建立联系。通过拓展人脉网络，可以增加学习和合作的机会，同时获取宝贵的反馈和建议。

通过参与这些练习和活动，读者可以在实践中提高自己的创新思维和创业素质。重要的是，要保持开放和积极的态度，不断尝试新方法，并从每次经历中学习和成长。随着创新和创业文化的不断发展，越来越多的机构和组织提供了丰富的资源和平台，支持创业者和创新者的成长与发展。

4.3.3 终身学习的重要性

终身学习在创业旅程中扮演着至关重要的角色，特别是在中国这样一个快速变化和高度竞争的环境中。以下内容强调了持续学习和适应变化的重要性，并提供了针对中国创业者的学习资源和建议，以支持他们的职业发展。

1. 终身学习为什么重要

（1）适应市场变化：中国市场的快速发展和消费者需求的持续变化要求创业者不断学习新的知识和技能，以保持企业的竞争力和创新性。

（2）技术进步：中国在许多高科技领域，如人工智能、电子商务和新能源汽车等领域正在快速发展，终身学习使创业者能够把握前沿技术趋势，开发创新产品。

（3）个人成就感：终身学习不仅关乎职业成功，也是个人成长和实现潜能的途径，为创业者带来较大的成就感和满足感。

2. 学习资源

（1）在线学习平台：如网易云课堂、腾讯课堂、MOOC中国等，提供涵盖各个行业和领域的在线课程。

（2）创业培训和加速器：中国各大城市有众多创业培训机构和加速器项目，如创新工场、中关村创业大街等，提供面对面的培训和指导。

（3）行业会议和论坛：积极参加行业相关的会议和论坛，如中国国际科技创新博览会、中国互联网大会等，了解行业动态和交流经验。

（4）书籍和专业文章：定期阅读行业相关的图书和专业文章，特别是那些关注中国市场和技术发展的出版物。

3. 建议

（1）制订个性化学习计划：根据个人兴趣和职业目标制订学习计划，确保学习内容既实用又有趣。

（2）实践中学习：将新学到的知识应用于实际工作中，实践是加深理解和提高技能的有效方式。

（3）构建学习社群：加入或创建学习小组，与其他创业者一起学习和讨论，共享资源和经验。

（4）持续的自我反思：定期评估学习成果和职业发展，反思学习方法和职业规划的有效性，必要时进行调整。

随着创业环境的日益成熟和数字学习资源的丰富，终身学习已成为创业者走向成功的必经之路。通过持续学习，中国的创业者不仅能够在激烈的市场竞争中保持优势，还能够实现个人价值和职业目标。

思考题

1. 创新与创业之间的相互作用

描述一个展示创新思维如何激发创业精神，以及创业活动如何进一步促进创新的例子，并分析这个过程中的关键因素和挑战。

2. 从失败中学习

寻找一个创业失败的案例（可以是公开案例或个人经历），思考失败的主要原因是什么，创业者如何利用创新思维对策略进行调整，从这个失败中你学到了什么教训。

3. 创业过程中的创新思维应用

在创业的不同阶段（如创意生成、市场验证、产品开发、市场推广），创新思维是如何发挥作用的？提供一个具体的案例来说明这一点。

4. 培养创业所需的创新素质

根据你的观察或经验，哪些创新素质对于创业尤为重要？你打算如何培养这些素质？

5. 终身学习在创业中的作用

讨论终身学习对于创业成功的重要性。你个人是如何实践终身学习的？提供具体的例子或策略。

6. 创新解决策略

面对创业中的常见挑战（如资源限制、市场竞争、技术难题等），创新思维提供了哪些解决策略？讨论这些策略的有效性及其对创业项目的影响。

7. 个人经验与案例反思

反思你的创业经历或观察到的一个创业故事，思考创新思维是如何影响创业过程的。从这个经历中，你有哪些值得分享的洞察和教训。

第5章 培养创业素质的途径

5.1 创业教育的角色

5.1.1 创业教育的重要性与目的

创业教育在激发创业精神和培养创业能力方面扮演着至关重要的角色。它不仅为有志于创业的个人提供了必要的知识和技能,还为整个社会培育了一种创新的企业文化。以下是创业教育重要性和目的的详细解释。

1. 激发创业精神

创业教育通过介绍成功和失败的创业案例,分享创业者的经验故事,激发个人的创业兴趣和热情。这种教育方式可以帮助个人理解创业的真正意义,认识到创业不仅是商业行为,更是一种改变世界的方式。

2. 培养创业所需的核心能力

从商业计划的撰写到市场分析,从财务管理到人力资源管理,创业教育覆盖了创业过程的各个方面。这些课程和训练项目旨在培养创业者的综合能力,使他们能够在创业时做出明智的决策。

3. 提供实践机会

许多创业教育项目提供实践机会,如模拟创业项目、创业实习和创业竞赛等,让学生能够在实践中学习。这些经验不仅增强了学生的实战能力,还有助于形成宝贵的人脉资源和与业界企业建立联系。

4. 促进创新思维

创业教育强调创新思维的培养,鼓励学生思考如何通过新的产品、服务或商业模式解决现有问题。这种教育方式有助于学生开拓思维,提高解决复杂问题的能力。

5. 支持终身学习文化

创业是一个持续学习和适应变化的过程。创业教育通过提供持续的学习资源和更新的课程内容,支持终身学习文化的形成,鼓励创业者不断更新自己的知识和提高技能。

6. 构建创业生态系统

通过联结学生、教师、创业者、投资人和行业专家,创业教育有助于构建一个互助合作的创业生态系统。这个生态系统为创业者提供了一个丰富的资源池，有助于他们的创业项目获得成功。

随着创业文化的兴起和政府对创新创业的支持，创业教育在高校、职业学院以及在线教育平台上得到了快速发展。这些教育机构不仅提供了丰富多样的创业课程，还搭建了与实际创业环境紧密联系的平台，为创业者提供了学习、交流和实践的宝贵机会。通过创业教育，越来越多的人开始理解和参与创业，推动了中国经济的持续发展。

5.1.2　创业教育的形式和方法

创业教育有多种形式和方法，以适应不同学习者的需求和偏好。这些教育形式不仅覆盖了理论知识的学习，也强调了实践经验的积累。以下是创业教育的几种主要形式。

1. 课堂教学

传统的课堂教学在高校和职业学院中非常普遍，通过面对面的方式，教授创业理论、案例分析、商业计划撰写等内容。这种形式便于教师与学生之间的互动和讨论。

2. 在线课程

随着互联网技术的发展，在线课程成为开展创业教育的一个重要形式。通过平台如Coursera、edX、网易云课堂等，学习者可以随时随地访问课程内容，学习创业相关的知识和技能。在线课程通常包括视频讲座、阅读材料、在线讨论和项目作业等。

3. 工作坊和实训班

工作坊和实训班通过短期密集的培训，聚焦特定的创业技能或主题，如商业模式创新、财务管理、营销策略等。这种形式通常更侧重于实践操作，鼓励学习者通过实际操作来深化理解。

4. 研讨会和讲座

研讨会和讲座是创业教育的另一种形式，通常由创业者、投资人或行业专家主持。这种形式有助于学习者了解行业趋势、成功案例、经验分享等，同时为学习者提供了与讲授者交流和建立联系的机会。

5. 创业竞赛和挑战

创业竞赛和挑战活动旨在通过竞争和合作的方式，激发学习者的创业热情和创新思维。参与者需要围绕一个特定的主题或问题，提出创业想法并制订实施计划。这种形式有助于提高学习者的团队合作能力和项目管理能力。

6. 导师制和孵化器项目

导师制和孵化器项目为创业者提供了一对一的指导和支持，帮助他们在创业初期避免常见的陷阱和错误。孵化器还提供资源和服务，如办公空间、融资对接、法律咨询等，为创业项目的成长创造良好的外部环境。

这些创业教育形式和方法各有侧重，为不同阶段和背景的创业者提供了全方位的支持。随着创业文化的传播和创业生态系统的完善，这些教育资源变得越来越丰富，为广大创业者提供了多元化的学习选择。

5.1.3 成功的创业教育案例

成功的创业教育项目或课程不仅为人们提供了学习知识和技能的机会，还培养了学生的创业精神和实践能力。以下是一些成功的创业教育案例分析，以及促使它们成功的关键因素。

1. 清华大学 x-lab 创新创业实验室

（1）案例简介：清华大学 x-lab 是一个跨学科的创新创业教育平台，旨在为学生提供实践机会，促进创新思维和创业能力的发展。x-lab 通过工作坊、讲座、创业项目指导和竞赛等多种形式，支持学生将想法付诸实践。

（2）成功因素：跨学科合作、强大的校友和行业网络、实践导向的学习方法、一对一的项目指导。

2. 长江商学院创业营

（1）案例简介：长江商学院以培养具有全球视野的商业领袖为宗旨，其创业营项目专为有志于创业的在校生和校友设计。课程内容涵盖创业基础知识、案例分析、创业项目实操等，旨在通过系统的教育和实践指导，提高学员的创业成功率。

（2）成功因素：高质量的师资力量、与实际创业紧密结合的课程设计、强大的校友资源和网络支持。

3. 阿里巴巴全球创业者学院

（1）案例简介：作为阿里巴巴集团支持全球创业生态系统发展的一部分，全球创业者学院提供了一系列创业培训和指导项目。这些项目旨在通过分享阿里巴巴的资源和经验，帮助创业者和中小企业主掌握电子商务、数字营销和国际贸易领域的关键技能。

（2）成功因素：丰富的行业经验分享、对全球市场的深刻理解、实用的技能培训、强大的技术和资源支持。

4. 创新工场人工智能工程师培训计划

（1）案例简介：由创新工场发起的人工智能工程师培训计划，旨在培养具有实战能力的人工智能领域人才。该计划结合了在线学习和线下实训，涵盖了人工智能领域的核心技术和应用，为学员提供了与行业领军企业合作的机会。

（2）成功因素：紧跟行业发展趋势的课程设置、结合理论与实践的学习模式、与行业领军企业的紧密合作。

这些案例显示，成功的创业教育项目通常具备以下几个关键因素：实践导向的教学方法、强大的师资和行业网络、跨学科的学习环境，以及紧密结合市场需求的课程设计。随着创业环境的不断完善和创新创业文化的推广，这些成功的教育模式为更多创业者提供了宝贵的学习机会和资源，促进了创业精神的培养和创新能力的提升。

5.2　从创意到市场：创业项目的实施步骤

5.2.1　创业项目规划

将一个创意转化为实际的创业项目涉及多个阶段，每个阶段都至关重要。以下是详细的步骤。

1. 构思创意

创意的构思是创业过程的起点。这一阶段，创业者通过识别市场缺口，解决个人或社会面临的问题，或利用新技术，来生成创业想法。关键是保持好奇心，持续观察周围环境，寻找灵感。

2. 初步市场调研

一旦形成初步的创意，下一步是通过市场调研来验证这个创意是否满足真实的市场需求。这包括了解目标客户、分析竞争对手、评估市场规模和增长潜力。市场调研能够帮助创业者深入理解市场环境和客户需求，为创意提供实证支持。

3. 创意评估和筛选

基于市场调研的初步结果，对创意进行评估和筛选，确定其商业可行性。这一阶段，创业者需要考虑创意的实施难度、所需资源、潜在风险和预期回报等因素，选择最有潜力的创意进行进一步开发。

4. 可行性研究

对选定的创意进行深入的可行性研究，进一步验证其商业潜力。可行性研究涵盖更详细的市场分析、财务预测、技术评估、运营计划等，目的是确定创业项目是否具有成功的可能性，识别可能的挑战和提供解决方案。

5. 制订商业计划

基于可行性研究的结果，制订详细的商业计划。商业计划是创业项目的蓝图，详细描述了企业的愿景、目标、市场策略、运营模式、财务计划等。商业计划不仅指导创业项目的实施，也是向投资者、银行和其他潜在合作伙伴展示项目价值的重要文件。

6. 市场验证和调整

在制订好商业计划之后，通过市场验证（如制作最小可行产品、实施初步销售、获取客户反馈）来测试商业计划执行的实际效果。之后，根据市场反馈调整商业计划，确保创业项目更贴合市场需求。

7. 实施和评估

根据商业计划实施创业项目，同时设立定期的评估机制，监控项目进展，评估实施效果，及时调整策略和计划，以应对市场变化和挑战。

这一过程强调从创意到市场的每一步都需要仔细规划和执行，以及对市场的持续观察和适应。成功的创业不仅需要一个好的创意，更需要系统的规划、深入的市场了解、灵活的执行能力以及对创业过程的持续评估和调整。

5.2.2 产品开发与市场测试

将创意转化为原型并进行市场测试是创业的关键步骤，它们直接影响到产品的最终形态和市场接受度。以下是对这一过程的步骤和策略的详细探讨。

1. 原型开发

（1）定义产品最小可行特性（minimum viable features）：基于可行性研究和商业计划，确定产品需要具备的核心功能和特性。这些是产品能够解决目标用户问题的基本要求。

（2）设计和构建原型：利用设计思维和用户中心设计原则，开始设计产品原型。原型可以是草图、3D模型，或者基本的软件版本，关键是要快速构建并能展示产品的核心功能。

（3）内部测试和反馈：在团队内部进行测试，收集反馈，并根据反馈调整原型。这个过程可能需要多次迭代，直到原型能够较好地满足预定的产品功能和用户体验要求。

2. 市场测试

（1）制作最小可行产品（MVP）：在原型的基础上，开发出能够被早期用户使用的最小可行产品。MVP不必是完全成熟的产品，但应包含产品的核心功能，足以让用户体验并提供反馈。

（2）选择合适的市场测试方法：根据产品特性和目标市场，选择合适的市场测试方法，如小范围发布、A/B测试、用户访谈、问卷调查等。

（3）收集和分析用户反馈：重点关注用户如何使用产品、产品解决了哪些问题、用户体验中存在的问题等。这些反馈是产品迭代和改进的宝贵资源。

（4）迭代和优化：根据市场测试结果，对产品进行必要的迭代和优化。这可能包括增加新功能、优化用户界面、提高产品性能等。

3. 持续迭代和规模化

在初步市场测试中验证了产品的市场需求和可行性后，根据反馈继续对产品进行迭代改进，同时开始考虑如何将产品规模化，以满足更广泛的市场需求。

4. 构建反馈循环

建立持续的用户反馈机制，确保在产品开发和市场推广的整个过程中，能够不断收集用户反馈并及时响应。这有助于保持产品的竞争力和市场适应性。

通过以上步骤，创业者可以将创意有效地转化为市场上的实际产品，并通过市场测试和迭代不断完善产品，最终实现产品市场化和商业成功。在这个过程中，快速迭代、良好的用户反馈和灵活适应市场变化是产品成功的关键因素。

5.2.3 启动和增长策略

在创业项目从概念转变为市场上的实际产品后，创业者需要制定有效的启动和增长策略，以确保项目的成功和持续发展。以下是一些策略和建议。

1. 精准定位目标市场

在大规模推广前，明确目标市场和理想客户群体。了解他们的需求、偏好和购买行为，以便更有效地传递自身的价值主张。

2. 制定明确的价值主张

清晰地界定产品或服务如何解决目标市场的痛点。一个强有力且易于理解的价值主张，是吸引早期客户的关键。

3. 建立品牌和网络影响力

通过社交媒体、内容营销、公关活动等方式建立品牌知名度。增强品牌的权威和可信度，可以提高潜在客户的信任感。

4. 利用增长黑客策略

应用低成本而高效的增长策略，如病毒式营销、社交媒体活动、合作伙伴关系等，迅速扩大用户基础。

5. 优化用户获取成本（CAC）和客户终身价值（LTV）比

确保投入获取每位客户的成本远低于客户带来的终身价值。通过改进产品、提升客户体验和实施有效的营销策略来优化这一比例。

6. 构建反馈循环和持续迭代

建立机制收集用户反馈，并将其作为产品或服务改进的基础。持续迭代不仅可以提高产品质量，也能增强客户满意度和忠诚度。

7. 探索多元化收入来源

不要依赖单一的收入来源。探索多种盈利模式，如订阅服务、广告、交叉销售或新增值服务等，以增强收入的稳定性和挖掘更大的增长潜力。

8. 监控关键业务指标

定义和监控关键绩效指标（KPIs），如用户增长率、活跃用户数、用户留存率、转化率等，以评估增长策略的效果，并根据数据进行调整。

9. 网络和社区建设

建立和参与相关的行业网络与社区，这不仅可以提升品牌知名度，还能实现资源共享和提供潜在的商业合作机会。

10. 灵活适应市场变化

保持对市场趋势和竞争环境的敏感性，灵活调整策略以应对市场变化。在快速变化的市场环境中，适应性和快速反应能力是企业持续发展的关键。

通过实施这些策略和建议，创业者可以有效地启动项目并推动其增长。重要的是保持耐心，专注于建立坚实的业务基础，同时寻找和利用增长机会。在这个过程中，持续学习、试验和优化是获得长期成功的关键。

5.3 风险管理与资源整合

5.3.1 风险评估与管理策略

在创业项目中，识别和管理潜在风险是至关重要的。有效的风险管理不仅可以帮助企业预防潜在的问题，还能确保项目在面对挑战时持续推进。以下是创业项目中存在的潜在风险，以及识别和管理这些风险的策略。

1. 风险识别

（1）市场风险：包括市场需求的不确定性、竞争对手的行为、客户偏好的变化等。

（2）财务风险：涉及资金不足、现金流管理、成本超支等。

（3）运营风险：包括供应链问题、生产效率、技术故障等。

（4）法律和合规风险：涉及知识产权侵权、合规性问题、合同风险等。

（5）团队和管理风险：包括团队成员离职、决策失误、内部冲突等。

2. 风险评估

对识别出的每个风险进行评估，确定它们可能对项目造成的影响程度和发生的概率。这可以通过风险矩阵工具进行，将风险按照影响程度和发生概率进行分类，优先处理那些高概率且影响大的风险。

3. 风险管理策略

（1）风险规避：对于某些高风险因素，选择避免这些风险的策略，如放弃某一市场或产品线。

（2）风险减少：通过提前规划和准备来降低风险发生的可能性或产生的影响，如建立紧急资金、优化运营流程、制订详细的商业计划等。

（3）风险转移：将风险转嫁给其他方，如通过保险覆盖或与合作伙伴共享风险。

（4）风险接受：对于一些不可避免或成本太高的风险，创业者可能选择接受并为可能的后果做准备。

4. 建立风险监控和响应机制

定期监控项目中的关键风险指标，确保风险管理措施的有效性。同时，为每个关键风险准备应对计划，一旦风险发生，可以迅速采取行动减轻其影响。

5. 培养风险意识文化

在团队中培养重视风险的意识，鼓励开放沟通和主动报告潜在问题。这有助于提高项目应对突发事件的能力。

通过以上步骤，创业者可以更好地识别、评估和管理项目中的潜在风险，从而提高项目成功的可能性。有效的风险管理不仅需要系统的策略和工具，还需要创业者的敏感性、判断力和适应能力。

5.3.2 资源整合的重要性

在成功的创业项目中，有效整合资金、人才、技术和其他资源发挥着至关重要的作用。资源整合不仅能够提高创业效率，还能增强企业的竞争力。以下是关于如何有效整合这些关键资源的讨论。

1. 资金资源整合

（1）寻找多元化的资金来源：除了传统的银行贷款和风险投资外，创业者还应考虑政府补助、天使投资、众筹等多种融资渠道。

（2）优化资金使用：通过精细的财务规划和预算管理，确保每一分钱都用在刀刃上，特别是在早期阶段更要注重资金的有效利用。

2. 人才资源整合

（1）构建多功能型团队：在初创阶段，团队成员可能需要承担多重角色。选择既有专业技能又能多方协作的人才，可以提高团队的灵活性和效率。

（2）建立人才储备和培养机制：通过实习生计划、培训项目和人才发展计划，不断吸引和培养人才，为企业的长期发展奠定基础。

3. 技术资源整合

（1）利用开源技术和云服务：对于初创企业而言，充分利用开源技术和云计算服务可以大幅降低技术研发和运营成本。

（2）建立技术合作伙伴关系：与大学、研究机构以及其他企业建立合作关系，共享研发资源，可以加速技术创新和产品开发。

4. 其他资源整合

（1）建立供应链和物流伙伴关系：通过与供应商和物流公司建立稳定的合作关系，优化生产成本和提高供应链效率。

（2）市场和客户资源：通过市场合作、联合营销等方式，与合作伙伴共享市场和客户资源，扩大市场影响力和客户基础。

5. 策略联盟和网络构建

积极加入行业协会和商业网络：这不仅让企业获取到前沿的行业资讯和市场动态，还能遇到潜在的合作伙伴，共同探索新的商业机会。

6. 灵活应对和快速调整

在资源整合过程中，创业者需要保持高度的灵活性和快速应变的能力，根据市场变化和项目需求及时调整资源配置。

通过以上策略，创业者可以有效整合各种资源，为创业项目的启动和成长提供坚实的支持。资源整合不应是资源的简单叠加，而是对资源的有效配置和优化使用，以实现资源的最大价值。在这一过程中，创业者的战略眼光、决策能力和执行力至关重要。

5.3.3 案例研究：资源整合和风险管理的成功例子

成功的创业案例往往展现了出色的资源整合和风险管理能力。以下是对几个成功案例的分析，以及从中提取的可供学习的经验。

1. 小米科技的崛起

（1）背景：小米科技通过整合顶尖的技术人才、高效的供应链管理和创新的互联网营销策略，迅速在智能手机市场占据了一席之地。

（2）资源整合：小米利用互联网模式进行产品销售，节省了传统渠道成本；同时，还与用户建立了密切的互动关系，通过社区反馈迅速改进产品。

（3）风险管理：小米在初期就注重品牌建设，通过高性价比策略快速吸引用户，同时积极探索海外市场，分散市场风险。

2. 滴滴出行的发展

（1）背景：作为共享出行服务的先行者，滴滴通过整合各种交通工具资源，提供了一个全方位的出行解决方案，成功解决了用户的出行难题。

（2）资源整合：滴滴通过技术平台整合了出租车、私家车、共享单车等多种交通工具，为用户提供便捷的出行服务；同时，通过大数据分析提高调度效率。

（3）风险管理：面对监管不确定性和市场竞争，滴滴积极与政府沟通，寻求合规之道，并通过企业并购巩固市场地位。

3. 哔哩哔哩的增长

（1）背景：哔哩哔哩最初是一个二次元文化视频分享平台，通过不断优化内容生态和拓展用户群体，成长为年轻人喜爱的文化社区和娱乐平台。

（2）资源整合：哔哩哔哩不仅整合了用户生成内容（UGC）和专业生成内容（PGC），还通过与 IP 方、内容创作者的合作，丰富了平台内容。

（3）风险管理：在版权风险管理上，哔哩哔哩通过加强版权合作和内容监管，有效控制了潜在的版权问题；同时，通过多元化的盈利模式，降低了商业模式的风险。

4. 海底捞的创新服务

（1）背景：海底捞作为火锅连锁品牌，通过提供卓越的顾客服务和创新的管理模式，在餐饮行业树立了独特的品牌形象。

（2）资源整合：海底捞通过整合高质量的食材供应链、先进的预约系统和优质的顾客服务，改善了顾客就餐体验。

（3）风险管理：面对食品安全和服务质量的挑战，海底捞通过严格的质量控制和员工培训，确保了服务的高标准，成功降低了品牌风险。

这些案例展示了中国创业公司是如何通过有效的资源整合和风险管理策略，实现快速增长和确立行业领导地位。从这些成功的创业故事中，我们可以提取以下关键的经验。

（1）创新驱动：无论是产品、服务还是商业模式，创新都是推动企业成功的关键因素。通过持续创新满足市场需求，这些企业能够在竞争中脱颖而出。

（2）用户中心：深入理解用户需求并以用户为中心，是这些企业共同的特点。通过提供超出用户期待的产品和服务，企业建立了良好的用户关系和品牌忠诚度。

（3）资源的灵活整合：成功的企业能够有效整合内外部资源，包括资金、人才、技术等，以高效的方式支持市场扩张和企业的快速发展。

（4）主动管理风险：这些企业在发展过程中面临过各种内外部风险。通过主动识别风险、评估风险并采取有效措施进行风险管理，它们成功降低了风险对企业的影响。

（5）文化和价值观：企业文化和核心价值观对于团队凝聚力和企业长远发展至关重要。这些成功的企业都有明确的企业文化和价值观，引导员工行为和影响企业决策。

通过学习这些成功案例，其他创业者可以获得宝贵的经验，帮助自己在创业过程中更好地整合资源和进行风险管理，从而提高企业的成功率，获得可持续发展的能力。

5.4 反思与实践：持续改进的路径

5.4.1 建立反馈和学习机制

在创业过程中，建立有效的反馈循环是促进持续改进和学习的关键。这不仅有助于快速迭代产品或服务，还能够提高团队的适应性和创新能力。以下是关于如何在创业过程中建立反馈和学习机制的讨论。

1. 收集用户反馈

（1）直接交流：通过用户访谈、问卷调查、社交媒体互动等方式，直接从用户那里获取反馈。

（2）用户行为分析：利用数据分析工具跟踪和分析用户在产品或服务中的行为，以获取间接反馈。

（3）建立开放渠道：为用户提供便捷的反馈途径，如在线反馈表格、社区论坛等，鼓励用户分享他们的体验和提出改进建议。

2. 构建内部反馈机制

（1）定期召开团队会议：讨论项目进展、遇到的问题以及潜在的改进点。

（2）跨部门沟通：鼓励跨部门之间的沟通交流，以获取不同视角下的反馈和建议。

（3）文化建设：培养开放和包容的企业文化，鼓励员工提出批评和建议，无惧失败。

3. 利用外部资源

（1）行业反馈：通过参加行业会议、研讨会和网络活动，获取同行和专家对产品或服务的反馈。

（2）专家咨询：定期邀请行业专家进行审查和指导，提供专业的意见和建议。

（3）合作伙伴反馈：与供应商、分销商等合作伙伴建立反馈机制，了解他们对产品或服务的看法。

4. 建立学习文化

（1）鼓励试验和快速学习：鼓励团队成员尝试新想法，即使失败，也将其视为学习的机会。

（2）分享和总结经验：定期组织知识分享会和经验总结会，让团队成员相互学习，共同成长。

（3）持续教育和培训：为员工提供学习资源和培训机会，支持他们的个人和职业发展。

通过建立这样的反馈和学习机制，创业项目能够在迭代中不断进步，团队也能在面对挑战时更加有活力。有效的反馈循环不仅是产品和服务持续改进的基础，也是构建学习型组织和促进团队成员成长的关键。

5.4.2 创业者的个人成长与发展

创业者的个人成长与发展是创业成功的重要组成部分。在创业过程中，不断学习和适应不仅可以帮助创业者提升自己的创业素质，还能够增强企业的竞争力。以下是创业者如何通过持续学习和适应来增强自己创业素质的策略。

1. 持续学习

（1）定期更新知识：随着行业趋势的不断变化，创业者需要通过阅读行业报告、参加专业培训、参加在线课程等方式，定期更新自己的知识库。

（2）学习新技能：技术进步和市场需求的变化可能要求创业者掌握新的技能。通过主动学习，如编程、数字营销、人工智能等内容，创业者可以更好地应对创业过程中的挑战。

2. 适应变化

（1）灵活应对市场变化：市场的不确定性要求创业者具有高度的适应性，能够快速调整商业战略和运营模式以应对变化。

（2）培养解决问题的能力：面对创业过程中的各种问题和挑战，创业者需要培养出色的问题解决能力，这包括批判性思维、创造性思维和决策能力。

3. 个人品牌建设

建立和维护个人品牌：通过社交媒体、博客、公开演讲等方式，创业者可以建立和维护个人品牌。一个强大的个人品牌可以帮助他吸引投资、招聘人才和建立合作关系。

4. 建立人脉网络

扩展职业网络：通过参加行业会议、加入专业组织或参与社交活动，创业者可以扩展自己的职业网络。这些网络不仅可以提供商业机会，还能提供学习和成长的资源。

5. 反思与总结

（1）定期进行自我反思：定期回顾自己的创业经历，包括成功的经验和失败的教训，可以帮助创业者总结宝贵的经验，为未来的决策提供指导。

（2）设定个人发展目标：为自己设定清晰的个人发展目标，并制订实现这些目标的计划和策略。这有助于创业者保持成长的动力和把控创业的方向。

通过上述方式，创业者不仅能够丰富自己的专业知识和提高管理技能，还能够获得更加灵活适应市场变化的能力。个人的成长与发展是一个持续的过程，创业者需要保持学习的热情和主动性，才能在不断变化的市场环境中取得成功。

5.4.3 推动创业生态系统的发展

积极参与贡献更广泛的创业社区,并对创业生态系统做出贡献,不仅可以帮助个体创业者获得资源和支持,还能促进整个生态系统的成长和创新。以下是如何有效参与和对创业生态系统做出贡献的分析。

1. 参与创业社区活动

加入本地或在线的创业社区,积极参与社区活动,如创业分享会、研讨会、培训课程等。这些活动不仅是人们学习新知识和技能的好机会,也是结识志同道合的创业者和潜在合作伙伴的平台。

2. 分享知识和经验

无论是成功的经验还是失败的教训,它们都是创业生态系统中宝贵的资源。通过博客、社交媒体、演讲等方式分享自己的故事和见解,人们可以帮助其他创业者避免犯相同的错误,激发更多的创新思考。

3. 提供或寻求导师支持

成为导师,为初创企业和年轻创业者提供指导和建议,是对创业生态系统做出贡献的有效方式之一。同时,寻找适合自己的导师,也可以加速个人和企业的成长。

4. 建立合作和伙伴关系

通过与其他企业和组织建立合作和伙伴关系,人们可以共享资源、技术和市场,实现互利共赢。这种合作不仅能促进各自业务的增长,也能为创业生态系统带来更多的创新和活力。

5. 支持创业教育和培训

支持和参与创业教育与培训项目,如成为客座讲师、提供实习机会、赞助创业比赛等,可以帮助培养下一代创业者,为生态系统注入新鲜血液。

6. 投资创业项目

如果条件允许,成为天使投资人或风险投资者,直接投资有潜力的创业项目。这不仅是对创业者的支持,也是推动整个创业生态系统发展的重要方式。

7. 参与政策制定和倡议

参与或支持推动创业友好政策和倡议的活动,如减税、简化创业流程、提供创业资助等,可以为更多创业者创造有利的发展环境。

通过上述方式,创业者不仅能够为自己寻求成长和发展的机会,也能为整个创业生态系统的繁荣做出贡献。一个健康、活跃的创业生态系统能够促进知识分享、资源流动和创新活动开展,从而推动整个社会的经济发展和进步。

思考题

1. 风险评估与管理

描述你认为在创业过程中可能遇到的三大风险,并讨论你会如何评估这些风险的潜在影响,以及打算如何管理它们。

2. 资源整合的策略

选择一个创业项目案例,分析该项目如何有效地整合了资金、人才、技术等关键资源。讨论这种整合方式对项目成功的影响。

3. 建立反馈和学习机制

提出一套方案,说明如何在一个初创公司建立有效的反馈循环和学习机制,以促进持续改进和团队成员的个人成长。

4. 创业者的个人成长

讨论创业者个人成长对企业成功的重要性。你会如何规划自己的学习路径,以不断增强创业素质和应对创业挑战的能力?

5. 推动创业生态系统的发展

分析你所在地区或行业的创业生态系统现状。讨论作为一名创业者,你可以如何参与和为这个生态系统做贡献,以促进相互学习和支持。

6. 反思与实践

基于本章内容,反思你目前的创业计划或想法。你觉得哪些方面的风险管理和资源整合做得不够?你计划如何改进?

第 6 章　创业案例分析

6.1　成功的大学生创业案例

6.1.1　案例介绍：字节跳动

1. 背景

字节跳动是由张一鸣在 2012 年创立的，最初是一个内容推荐平台，如今已发展成为全球最大的互联网技术公司之一。张一鸣 2005 年毕业于南开大学软件工程专业，他对互联网技术和数据算法充满热情。公司的旗舰产品——今日头条，通过复杂的算法向用户推荐新闻和信息，迅速获得了市场的认可。

2. 关键成就

字节跳动不仅在中国市场取得了巨大成功，还成功扩展到了国际市场，推出了包括 TikTok（国际版抖音）在内的多个流行应用。公司的估值迅速增长，成为全球最具价值的独角兽之一。

3. 创新思维的促进作用

（1）算法驱动的内容分发：张一鸣和他的团队开发了一种先进的算法，能够根据用户的兴趣和行为模式个性化推荐内容。这种创新的内容分发方式改变了用户传统的信息获取方式，使用户能够更高效地获得感兴趣的信息。

（2）用户体验的持续优化：字节跳动始终把用户体验放在首位，不断通过数据分析和用户反馈来优化产品。这种对用户体验的持续关注和改进，使得公司的产品能够快速迭代，始终保持竞争力。

（3）多元化的产品战略：在今日头条取得成功后，字节跳动并没有满足于现状，而是持续开拓新的市场和探索新的产品，如抖音、TikTok 等。这种不断探索的创新思维，使得公司能够捕捉更多的增长机会。

（4）国际化战略：张一鸣意识到国际市场的潜力，积极推行国际化战略。通过对本地化需求的深入理解和满足，字节跳动成功将其产品推广到全球市场，实现了国际化发展。

通过以上分析，我们可以看出创新思维在字节跳动创业成功中发挥了至关重要的作用。张一鸣及其团队通过不断的技术创新、对用户体验的深入洞察、对新市场和产品的勇于探索以及国际化战略的有效实施，推动了字节跳动从一个小型创业公司成长为全球领先的互联网企业。

6.1.2 成功因素分析

分析成功的创业案例，如字节跳动，我们可以发现它们存在几个共同的成功因素。这些因素不仅适用于该案例，也普遍存在于其他成功的创业故事中。以下是对这些关键成功因素的深入探讨。

1. 明确的市场定位

成功的创业项目从一开始就有明确的市场定位，能够准确识别并满足目标用户的需求。字节跳动通过其算法驱动的内容平台，精准定位到希望获取个性化信息的用户，满足了人们在信息过载时代筛选内容的需求。

2. 持续的产品创新

持续的产品创新是成功创业案例的另一个共同特点。创新可以是技术上的、服务方式上的或是商业模式上的。字节跳动通过不断优化算法，推出新的产品和功能，如抖音和 TikTok，保持了其在激烈的市场竞争中的领先地位。

3. 高效的团队建设

强大而高效的团队是支撑创业项目成功的关键。成功的创业者能够吸引并留住人才，建立一支具有共同愿景、高度协作和互补技能的团队。张一鸣在选择团队成员时非常注重他们与公司文化的契合度，以及对创新和学习的热情。

4. 有效的资源整合

成功的创业项目通常能够有效地整合各种资源，包括资金、技术、人才和市场。字节跳动在早期就获得了来自顶级投资机构的资金支持，这些资金帮助公司快速成长。同时，公司还通过战略合作，有效地整合了外部资源，加速了产品的国际化进程。

5. 适应性和灵活性

市场环境和技术不断变化，成功的创业项目需要具备高度的适应性和灵活性。这包括快速响应市场变化，及时调整产品和策略。字节跳动对市场趋势的敏锐洞察和对用户反馈的快速响应，是它能够持续成功的重要原因之一。

6. 长远的愿景与战略规划

成功的创业者不仅专注于当前的操作，还具有长远的愿景和战略规划。他们能够在保持日常运营高效的同时，规划公司的未来发展方向和扩张计划。

通过深入探讨这些案例共同的成功因素，创业者可以获得宝贵的启示，帮助他们在自己的创业旅程中规避风险、抓住机会，并最终实现成功。重要的是，创业过程中的学习和适应，对市场和用户需求的深入理解，以及坚定不移地追求创新和卓越，是人们通往成功不可或缺的要素。

6.1.3 启示与实践建议

总结从这些成功案例中学到的教训和策略，可为未来的创业者提供指导。

1. 深入理解用户需求

创业的出发点应是深入理解和满足用户的真实需求。使用设计思维方法，如同理心、定义问题、想法构思、原型制作和测试，来确保你的产品或服务能够真正解决用户问题。

2. 构建适应性强的商业模式

在快速变化的市场环境中，构建一个能够适应变化的商业模式至关重要。这意味着你有能力在必要时快速调整自己的价值主张、收入来源、成本结构和客户关系。

3. 注重核心竞争力的培养

识别并专注于你的核心竞争力，无论是技术、产品设计、市场营销能力还是客户服务，将资源集中在能够为企业带来最大价值的领域。

4. 有效利用有限资源

创业初期资源有限，如何有效利用这些资源至关重要。学会精益创业方法，通过最小可行产品（MVP）来验证你的假设，减少资源浪费。

5. 培养学习型组织

创造一个鼓励学习、试验和快速迭代的组织文化，确保团队成员能够从每次尝试中学习，无论是成功还是失败。

6. 建立强大的网络和伙伴关系

创业不是孤立的过程。建立一个强大的支持网络，包括导师、顾问、同行和合作伙伴，可以为你的创业之旅提供宝贵的资源和指导。

7. 专注于可持续增长

在追求增长的同时，保持对财务健康和业务可持续性的关注，确保增长策略不会损害公司的长期发展前景。

8. 透明和诚实的沟通

无论是与团队成员、客户还是投资者，人们都应保持透明和诚实的沟通。建立信任是获得长期成功的基石。

通过实施这些策略，未来的创业者可以在自己的创业旅程中避免常见的陷阱，同时加速成长和成功。记住，创业是一场马拉松，而不是短跑。持续学习、适应和创新是走向成功的关键。

6.2 失败案例分析与教训

6.2.1 案例介绍

在创业的世界中，失败是一种常见而宝贵的学习经验。以下是几个具有代表性的失败创业案例。通过分析它们的发展背景和失败原因，我们可以吸取重要的教训。

1. 乐视网

（1）发展背景：乐视网是由贾跃亭创办，旨在建立一个涵盖视频内容，涉及智能手机、电视等多个领域的生态系统。乐视在初期取得了巨大成功，但最终因资金链断裂而陷入严重的财务危机。

（2）失败原因：乐视失败的主要原因之一是过度扩张。公司在短时间内进入多个高成本的业务领域，导致资金压力巨大。此外，公司的管理层对风险评估和控制不足，对市场变化的适应性也不强。

2. 糯米网

（1）发展背景：糯米网是中国早期的团购网站之一，曾经是行业的领先者。然而，随着市场竞争的加剧，糯米网最终被同行超越，失去了市场份额。

（2）失败原因：糯米网未能持续创新其业务模式和服务，以应对快速变化的市场和消费者需求。糯米网在用户体验和商户关系管理方面的不足，也导致了客户流失。

3. 分析创业者可能忽视的创新思维和策略

（1）对市场变化的忽视：在上述案例中，创业者可能过于自信早期的成功，忽视了市场环境的变化和竞争对手的动态。一个持续成功的企业需要不断观察市场趋势，适时调整产品和经营策略。

（2）资源管理不当：无论是资金还是人力资源，对其进行有效管理是创业成功的关键。过度扩张或者资源分配不均可能导致企业无法集中力量打造核心竞争力，最终导致失败。

（3）创新能力的缺失：在快速发展的市场中，创新是企业持续增长的动力。失败案例中的企业可能在初期创新成功，但后期未能持续创新，就无法满足市场和消费者不断升级的需求。

（4）风险评估与控制不足：成功的创业不仅需要勇气和远见，还需要对潜在风险进行准确评估和有效控制。忽视风险管理，特别是财务和运营方面的风险，是许多失败案例的共同点。

通过分析这些失败案例，创业者可以获得深刻的教训，即创业过程中需要持续关注市场动态，合理管理资源，保持创新，并且重视风险管理。这些教训对于希望避免类似失败的创业者来说，是非常宝贵的。

6.2.2 失败原因深度分析

在创业过程中，失败往往是多种因素共同作用的结果。深入分析失败案例的常见问题，可以为创业者提供借鉴，帮助他们在未来的创业之路上避免犯相同的错误。以下是一些失败案例中常见的问题及其分析。

1. 市场评估失误

许多创业项目之所以失败，是因为对市场需求的评估不准确。这可能是因为过度乐观地估计了市场大小，忽视了消费者的真实需求或未能准确预测市场趋势。有效的市场评估应包括深入的市场研究、消费者调研和竞争分析。

2. 资源管理不当

资源，包括资金、人才和时间等，是影响创业结果的关键因素。资源管理不当，如资金使用不当、人力资源配置不合理或时间管理无效，都可能导致创业项目的失败。合理规划和有效管理资源是确保项目顺利进行的基础。

3. 团队冲突

创业团队内部的冲突是导致许多创业项目失败的重要原因。这些冲突可能源于团队成员之间的价值观、工作方式或目标不一致。建立明确的沟通渠道，确立共同的目标和价值观，以及形成有效的冲突解决机制，对于维持团队的稳定和提高工作效率至关重要。

4. 忽视用户反馈和产品迭代

忽视用户反馈，缺乏对产品进行持续迭代和优化的意识，是许多创业项目失败的原因。成功的创业需要紧密关注用户的需求，持续增强用户的体验，并通过不断学习和改进来优化产品。

5. 商业模式不可持续

即便产品或服务满足市场需求，不可持续的商业模式也可能导致创业项目的失败。这包括收入模式不清晰、成本控制不当或盈利能力弱等问题。创业者需要设计一个既能满足市场需求又具有财务可持续性的商业模式。

6. 对竞争的低估

在进行市场进入和发展策略规划时，低估竞争对手的能力和市场竞争的激烈程度，可能导致创业项目难以在市场上立足。深入了解竞争对手和市场环境，制定有效的竞争策略，是企业获得成功的关键。

通过对这些失败原因的深度分析，创业者可以了解到在创业过程中需要注意的关键问题和挑战。认识这些问题，并采取相应的预防和解决措施，将有助于创业者降低失败的风险，推动创业项目向成功迈进。

6.2.3 从失败中学习

失败是创业过程中不可避免的一部分，它为创业者提供了宝贵的学习机会。从失败中吸取教训，不断调整企业发展策略，并以创新和韧性面对未来的挑战，是创业者创业成功的关键影响因素。以下是一些具体的建议。

1. 深入分析失败原因

面对失败，首要的步骤是进行深入的反思和分析，识别失败的根本原因。这包括评估企业在市场评估、资源管理、团队合作、产品设计等各个环节的不足。创业者要理性地分析失败，而不是情绪化地应对。

2. 保持开放和学习的态度

将失败视为学习和成长的机会。保持一颗开放的心，愿意从错误中学习，从他人的反馈和建议中吸取教训。积极寻求导师和行业专家的意见，拓宽自身的视野。

3. 调整策略和计划

基于对失败原因的分析，重新评估并调整商业模式、产品设计、市场策略等。可能需要对目标市场、产品功能或营销手段进行重大调整，寻找新的增长点。

4. 保持创新

在重新出发时，继续保持创新的精神。创新不仅仅体现在产品或技术上，还包括商业模式、市场进入策略、用户体验等方面。持续的创新能力是企业拥有长期竞争力的关键。

5. 培养韧性和抗压能力

创业过程充满不确定性和挑战，培养良好的心态和韧性至关重要。面对失败和挑战时，创业者要保持积极向上的态度，不气馁，不放弃。

6. 建立支持网络

面对挑战和失败时，一个支持性的社区或网络可以提供必要的帮助和鼓励。参与创业社区，建立良好的人脉关系，这些都可以在困难时刻为你提供支持。

7. 注重身心健康

面对失败时，创业者的身心健康同样重要。保持良好的生活习惯，进行适当的休息和锻炼，保持身心平衡，这有助于人们在长期的创业路上保持最佳状态。

从失败中吸取教训，调整策略，保持创新和韧性，是每位创业者成长的必经之路。记住，失败不是终点，而是通往成功路上的一个重要环节。通过不断学习和进步，创业者可以更好地面对未来的挑战，最终实现创业梦想。

6.3 跨国创业案例的比较分析

6.3.1 国际成功案例

在全球化的今天，跨国创业已成为许多企业家追求的目标。以下是一些在国际市场上取得显著成功的创业案例，以及对它们成功的全球策略和创新应用的分析。

1. Spotify

（1）成功策略：作为瑞典的一家音乐流媒体服务提供商，Spotify 成功的策略在于其独特的订阅模式、个性化的音乐推荐算法以及与音乐版权方的有效合作。Spotify 通过强大的数据分析能力，为用户提供了高度个性化的音乐体验，从而在全球范围内快速增长。

（2）创新应用：Spotify 的另一个创新之处在于其社交功能的整合，允许用户分享播放列表和音乐。这增强了用户之间的互动，并促进了平台的口碑传播。

2. Airbnb

（1）成功策略：美国的 Airbnb 通过提供一个在线平台，让房东能够把空置房间出租给旅行者。这一模式彻底改变了传统住宿行业。其成功的全球策略包括强调本地化体验、灵活应对各国法律和文化差异，以及建立信任和安全的社区环境。

（2）创新应用：Airbnb 不断在技术上创新，如使用机器学习优化房源推荐、开发先进的搜索算法等，以提升用户体验并适应不同市场的需求。

3．华为

（1）成功策略：中国的华为是一个在全球市场上取得巨大成功的高科技企业，其成功的策略包括重视研发投入、深化本地市场合作，以及强调产品的性能和可靠性。华为通过在关键市场建立研发中心和生产基地，有效适应了各地的技术标准和满足了多元化的消费需求。

（2）创新应用：华为在 5G、云计算和智能设备等领域的创新，使其成为全球通信设备供应商的领导者。公司不断推动技术创新，以保持其在国际市场上的竞争优势。

这些案例展示了成功的跨国创业公司如何通过创新应用和全球策略在国际市场上取得成功。它们共同的特点包括对市场需求的深刻理解、对本地化的高度重视、持续的技术创新以及强大的品牌建设能力。对于未来的跨国创业者来说，从这些成功案例中学习，不仅可以获得宝贵的经验，还可以激发新的创意，获得有效的经营策略。

6.3.2 文化差异与市场适应

跨国创业不仅面临语言和法律的挑战，更重要的是需要理解和适应不同国家与文化背景下的市场。文化差异在很大程度上影响了产品设计、营销策略、商务沟通乃至整个商业模式。以下是不同国家和文化背景下人们创业时面临的挑战和机遇。

1．挑战

（1）消费者行为差异：不同文化背景下，消费者的购买决策、品牌忠诚度和产品偏好可能大不相同。对这些差异缺乏了解，可能导致产品或服务不能满足当地市场的需求。

（2）商业习惯和礼仪：商业沟通和谈判的方式在不同国家之间存在显著差异。不了解或不尊重当地的商业习惯和礼仪，可能会伤害潜在的商业关系。

（3）营销策略调整：由于文化差异，一个国家的营销策略可能不适用于另一个国家。广告语言、推广渠道甚至产品包装都可能需要进行调整以适应不同的文化偏好。

（4）合规性和法律问题：不同国家的法律和规章制度可能对产品标准、数据保护、知识产权等方面有不同的要求，这给跨国经营带来了一定的复杂性。

2．机遇

（1）市场差异化竞争优势：通过深入理解并适应文化差异，企业可以发现未被满足的特定市场需求，通过提供差异化的产品或服务获得竞争优势。

（2）全球品牌建设：成功适应不同国家的文化并有所成长，可以帮助企业构建强大的全球品牌形象，提高品牌的国际知名度和影响力。

（3）跨文化创新：文化的多样性可以成为创新的源泉。将不同文化的元素融入产品设计和商业模式中，可能会创造出独特的市场价值。

（4）国际人才的吸引：具有国际视野的企业更容易吸引来自不同文化背景的人才。这些人才可以带来新的视角和创意,促进企业的全球发展。

3. 应对策略

(1) 进行深入的市场研究,了解目标市场的文化特征和消费者行为。

(2) 建立多元化的团队,引入具有当地市场经验的成员。

(3) 与当地合作伙伴建立紧密合作关系,利用他们的市场知识和网络。

(4) 灵活调整商业策略,确保产品和服务能够满足不同文化的需求。

(5) 通过有效地理解和适应文化差异,跨国创业者可以克服挑战,抓住机遇,在全球市场上取得成功。

6.3.3 全球视角下的创新与创业

在全球化背景下,拥有创新思维和有效的跨文化团队管理对于创业成功至关重要。以下是如何在这一环境中应用创新思维以及有效管理跨文化团队的策略。

1. 应用创新思维

(1) 洞察全球市场需求:创新思维要从洞察全球市场的需求开始。这意味着人们不仅要关注本地市场的需求,还要理解不同地区和文化中消费者的痛点与需求,从而发现全球市场上潜藏的机会。

(2) 多元文化融合创新:将不同文化的元素和思维方式融入产品开发和商业模式创新中。这种跨文化的融合可以带来独特的创新思路和解决方案,为企业开辟新的市场。

(3) 灵活的全球策略:创新不仅仅体现在产品或服务上,也体现在企业的全球扩张策略上。根据不同市场的特点,人们要灵活调整经营策略,包括产品定制、营销方法和合作模式等。

(4) 利用全球资源和网络:利用全球资源和创新生态系统,包括国际合作伙伴、全球投资资源和跨国研发团队。这些全球资源和网络可以帮助企业加速创新过程,提高创新效率。

2. 跨文化团队管理策略

(1) 建立共享的愿景和目标:在多元文化的团队中,建立共享的愿景和目标至关重要。这有助于确保团队成员不论文化背景如何,都能朝着同一个方向努力。

(2) 文化敏感性和包容性:增强团队的文化敏感性,尊重并包容不同的文化背景和观点。这可以通过文化多样性培训和组织团队建设活动来实现。

(3) 有效的沟通机制:建立有效的跨文化沟通机制,包括形成明确的沟通渠道和提出适应多种语言的需求,确保信息的传达和理解准确,减少文化差异带来的误解。

(4) 利用技术促进协作:利用技术工具促进跨地域团队的协作和沟通,包括视频会议、云协作平台和项目管理工具。技术可以帮助跨文化团队克服地理和时区的限制,提高工作效率。

(5) 个性化管理和激励:了解团队成员的个人背景和需求,采用个性化的管理和激励方法。不同文化背景下的团队成员可能对激励和奖励有不同的偏好。

在全球化背景下,应用创新思维并有效管理跨文化团队,可以让创业者在国际市场上取得成功。这要求创业者不仅具备全球视野，还应具备文化敏感性、沟通能力和灵活的策略调整能力。

6.4 综合讨论：创业路径的多样性

6.4.1 不同行业、市场和文化背景下创业路径的多样性

创业路径的多样性体现在不同行业、市场和文化背景下企业家如何根据自己的资源、优势、目标和环境选择不同的创业策略。以下是一些关键影响因素，展示了创业路径如何因行业、市场和文化而异。

1. 行业特性

不同行业的创业路径有着本质的区别。例如，科技行业创业往往需要强烈的创新和研发能力，以及对新兴技术的深入理解。零售或餐饮业则更加注重地理位置、客户服务和品牌建设。

在高科技行业中，创业路径可能包括寻求风险投资、加速器支持或与研究机构合作。相比之下，服务行业的创业者可能更依赖于个人资金、小额贷款或家族和朋友的支持。

2. 市场环境

不同市场的经济状况、消费者行为和监管环境都会影响创业路径。在持续发展的市场中，创业者可能需要克服基础设施不足、金融服务有限等障碍。在成熟市场，激烈竞争和高成本可能是主要挑战。

国际市场的创业路径还涉及如何跨越文化和法律差异，包括适应不同的消费者需求、商业习惯和监管要求。

3. 文化背景

文化背景影响着消费者的偏好、商业实践和创业精神。例如，一些文化可能更加重视创新和个人主义，鼓励冒险和创业。其他文化则可能更注重社会和谐与集体决策。

创业者需要理解和适应自己目标市场的文化背景，这可能意味着调整产品特性、沟通方式或商业模式以更好地满足当地市场的需求。

4. 创业者的个人经历和资源

创业者的教育背景、职业经历和个人网络也极大地影响着创业路径的选择。有些创业者可能利用自己在特定行业的经验和联系网，其他人则可能基于自己的兴趣和社会使命来选择创业领域。

资源的可用性，包括资金、技术和人才，也是确定创业路径的关键因素。拥有充足资源的创业者可能会选择更具风险的创新项目，资源有限的创业者可能会寻求成本较低、门槛较低的机会。

通过探讨不同行业、市场和文化背景下创业路径的多样性，我们可以看到，创业并非单一的道路，而是根据多种因素灵活调整的过程。理解这些多样性，可以帮助创业者更好

地规划自己的创业之旅，识别适合自己情况的最佳创业路径。

6.4.2　创新思维在创业过程中的普遍应用及其重要性

创新思维是创业成功的关键。它不仅是指发明新产品或开发新技术，更广泛地涉及商业模式、市场策略、运营管理等各个方面的创新。以下是创新思维在创业过程中的普遍应用以及它对于成功的重要性。

1. 产品和服务创新

创新思维推动创业者开发独特的产品和服务，满足市场未被满足的需求或以全新方式满足现有需求。这不仅能够为创业企业创造竞争优势，还能开辟新的市场空间。

2. 商业模式创新

创新的商业模式可以为企业带来持续的收入和增长动力。例如，订阅服务、共享经济和平台化业务等模式，这些都是应用创新思维重新定义传统业务模式的结果。

3. 市场策略创新

在市场定位和推广上应用创新思维，可以帮助创业企业以非传统的方式吸引和留住客户。这包括利用社交媒体、内容营销、病毒营销等新兴渠道和策略。

4. 运营和管理创新

创新思维也适用于内部管理和运营流程，通过优化和自动化流程，提高效率和降低成本。例如，采用敏捷开发、组建远程工作团队和提供云服务等。

5. 文化和组织创新

创业企业通过建立开放、灵活和包容的企业文化，鼓励团队成员的创新和创造，从而在组织层面促进创新。

6. 创新思维的重要性

（1）区分竞争：在激烈的市场竞争中，创新是区分自己与竞争对手的关键。通过创新提供独特的价值主张，企业可以获得市场的认可和偏好。

（2）适应市场变化：快速变化的市场环境要求企业能够迅速适应。创新思维使企业能够预见变化，灵活调整策略，从而在变化中寻找新的机会。

（3）持续增长：创新是推动企业持续增长的动力。通过不断创新产品、服务和流程，企业可以持续吸引新客户，增强客户忠诚度，从而实现增长。

（4）吸引投资和人才：展现出创新能力的企业更容易吸引投资者和顶尖人才。投资者寻求具有长期增长潜力的创新项目，优秀的人才也倾向于加入富有创造力和发展前景的团队。

总之，创新思维在创业过程中的普遍应用体现了它对企业获得成功的重要性。创业者需要在企业的各个方面培养和实践创新思维，以适应市场的变化，实现企业的持续成长和发展。

6.4.3 实践建议：利用创新思维解决创业问题

为帮助未来的创业者有效利用创新思维解决创业过程中的问题，以下是一系列实践建议。

1. 培养好奇心和开放性

保持对世界的好奇和对新知识的渴望，是创新思维的基础。敢于探索未知，对新观点持开放态度，可以激发人们的创新灵感。

2. 持续学习和自我提升

通过不断学习，人们不仅可以获得新知识，还可以拓宽思维视野，提高解决问题的能力。参加工作坊、在线课程和行业会议，是不错的学习途径。

3. 鼓励团队多样性和跨领域合作

多样化的团队能够拥有不同的视角和汇集各种经验，有助于创造性地解决问题。鼓励团队成员之间以及与其他领域专家的合作，可以促进创新思维的碰撞。

4. 建立快速迭代和反馈机制

创新是一个动态过程，需要快速迭代和不断调整。建立一个有效的反馈机制，比如客户反馈、产品测试等，可以帮助人们快速验证想法并做出调整。

5. 利用设计思维方法

设计思维是一种以用户为中心的创新方法，它强调同理心、定义问题、想法构思、原型制作和测试。这一方法可以帮助创业者从用户的角度出发，找到创新的解决方案。

6. 拥抱失败，将其视为学习的机会

创新过程中的失败是不可避免的，重要的是从失败中学习，吸取教训，并以此为契机进行改进和创新。

7. 构建支持性的创新环境

创建一个鼓励创新、容忍失败的文化环境。为团队提供必要的资源和时间，助力他们探索新想法，试验不同的解决方案。

8. 关注行业和技术趋势

通过关注行业趋势和新兴技术，创业者可以发现新的商业机会和创新领域。定期阅读行业报告，参加相关会议和活动，是获取这些信息的好方式。

9. 建立灵活的商业模式

在不断变化的市场环境中，拥有一个灵活的商业模式能够让企业更快适应变化。定期审视和调整商业模式，确保它能够支持创新和持续增长。

通过实施这些策略，创业者可以更好地利用创新思维解决创业过程中遇到的问题，提高创业成功的概率，并在激烈的竞争市场中获得优势。

思考题

1. 分析创新思维对创业成功的影响

描述一个具体的创业案例,分析创新思维是如何帮助它解决创业过程中的关键问题,以及这种思维方式对企业获得成功的影响。

2. 探讨跨文化团队的管理策略

寻找一个在多元文化背景下组建的创业团队案例,讨论有效管理跨文化团队的策略,并分析这些策略是如何促进团队合作和项目成功的。

3. 评估不同市场和文化背景下的创业机遇和挑战

选择两个不同的国家或地区,分析并比较在不同的市场和文化背景下创业的机遇和挑战,讨论创业者如何应对这些挑战和抓住机遇的。

4. 从失败中学习

描述一个创业失败的案例,分析失败的主要原因。基于这个案例,提出一系列从失败中学习,以及将这些教训应用到未来的创业实践中的策略。

5. 全球化背景下的创新与创业

讨论在全球化背景下创业者如何通过创新思维寻找和利用国际市场的机遇。分析一个成功的跨国创业案例,探讨它的全球策略和创新应用。

6. 探索创业路径的多样性

分析不同行业(例如科技、服务、制造业)中创业路径的差异。讨论行业特性如何影响创业策略的选择,以及创业者如何根据自己的资源和优势选择合适的创业路径。

第 3 部分

科技创新与研发能力

第7章 科技创新的过程与方法

7.1 理解科技创新的本质

7.1.1 科技创新的定义与重要性

1. 科技创新的定义

科技创新指的是通过应用新技术或改进现有技术,开发新的产品、服务或流程,以提高效率、增加价值或满足社会新需求的活动。这包括从基础研究、技术开发、产品设计到市场应用的全过程。科技创新既可以是渐进式的(即对现有技术的改进和优化),也可以是颠覆式的(即彻底改变现有技术或市场的新技术)。

2. 科技创新的重要性

(1)推动经济增长:科技创新是推动经济增长的关键动力。通过引入新的技术和产品,人们可以提高生产效率,创造新的行业和就业机会,从而促进经济的持续发展。

(2)解决社会问题:面对能源短缺、环境污染、公共健康等全球性挑战,科技创新提供了人们解决问题的重要手段。通过开发新能源技术、环保材料、医疗设备等,科技创新有助于提高人类生活质量和促进社会可持续发展。

(3)增强国际竞争力:在全球化的今天,国家间和企业间的竞争日益激烈。科技创新能力是增强国家竞争力和让企业在国际市场中获得优势的关键因素。

(4)保护知识产权:科技创新活动促进了新知识、新技术的产生。对专利等知识产权形式的保护,不仅为创新者带来经济回报,也鼓励人们进行更多的投入和创新。

(5)推动社会文化进步:科技创新还影响着社会文化的发展,通过新媒体、通信技术等的创新,促进信息的自由流动和文化多样性的展现。

科技创新在当前经济社会发展中扮演着至关重要的角色。它不仅是推动经济增长、解决社会问题的关键,也是增强国际竞争力、促进社会文化进步的重要力量。因此,理解科技创新的本质,掌握科技创新的过程和方法,对于任何希望在现代社会取得成功的个人和组织都是至关重要的。

7.1.2 科技创新的类型

科技创新可以根据其研究内容和目标的不同,分为基础研究、应用研究和开发研究三种主要类型。这三种研究类型在科技创新过程中相互依赖,共同推动科技进步和创新。

1. 基础研究

（1）定义：基础研究是指为了增加知识存量，而不是出于任何实际应用目的，对基本原理和事物本质的研究。这类研究通常关注理论的探索，试图解释自然界和社会现象的基本规律。

（2）特点：基础研究不以具体的商业应用为目标，其成果往往是开放的、公共的知识财富。基础研究的成果为应用研究和开发研究提供了理论基础和前沿技术。

（3）重要性：基础研究是科学技术创新的源泉，很多重大的科技突破和创新都是建立在深厚的基础研究之上的。

2. 应用研究

（1）定义：应用研究是指在基础研究成果的基础上，针对特定的需求，进行的有明确应用目标的研究活动。这类研究着眼于将理论知识转化为解决实际问题的技术和方法。

（2）特点：应用研究强调科学知识向具体技术或产品的转化，是连接基础研究和开发研究的桥梁。

（3）重要性：应用研究是实现科技成果产业化的关键步骤。通过应用研究，科学原理被转化为可以实际应用的技术方案。

3. 开发研究

（1）定义：开发研究是指在基础研究和应用研究的基础上，通过系统的技术活动，将科技成果转化为具体的产品、过程或服务的过程。这类研究注重产品设计、技术改进和制造过程。

（2）特点：开发研究直接面向市场和生产，是科技创新成果实现商业化的最后阶段。

（3）重要性：开发研究是科技创新链条中的关键环节。通过开发研究，创新成果得以应用于实际生产和生活，为社会创造直接的经济和社会价值。

4. 相互关系

基础研究、应用研究和开发研究在科技创新过程中是紧密相连的。基础研究提供理论基础和前沿技术，应用研究将基础研究成果转化为具体的技术解决方案，开发研究则进一步将这些技术方案转化为市场上的产品和服务。

这三者之间并非线性关系，而是一个动态循环和相互促进的过程。在实际的科技创新活动中，开发研究可能发现新的问题，激发新的基础研究，应用研究则在两者之间起到桥梁作用，实现知识和技术的有效转化与流动。

7.2 研发创新的流程

7.2.1 创意生产与创意筛选

1. 创意生产

创意生产是科技创新流程的初步阶段，它涉及广泛搜集信息来源和产生新的想法。这一阶段的目标是尽可能多地产生创新点子，而不立即考虑其可行性。以下是几种有效的创意生产方法。

（1）头脑风暴：在一个开放和非批判性的环境中，团队成员自由地表达想法，鼓励创造性思维和相互启发。

（2）SCAMPER：运用一种检查现有产品或服务并通过替代、组合、调整、修改、用于其他用途、消除或反转等方式来激发新想法的技术。

（3）趋势分析：分析技术发展和市场趋势，从中寻找潜在的机会点。

（4）用户研究：通过用户访谈、调查、观察等方法，深入了解用户需求和行为，从用户的问题和面临的挑战中寻找创新灵感。

（5）模拟和类比：从自然界或其他行业的解决方案中获取灵感，通过模拟和类比产生新的创意。

2. 创意筛选

创意筛选是将创意生成阶段产生的大量想法进行评估和筛选，以确定哪些想法值得进一步探索和发展。这一过程需要考虑创意的可行性、潜在的市场需求、技术难度和资源需求等因素。以下是进行创意筛选的一些关键步骤。

（1）设定评估标准：根据项目目标和具有的资源，确定评估创意的标准，如创新性、市场潜力、技术可行性等。

（2）初步筛选：使用设定的标准对所有创意进行初步评估，排除明显不可行或与目标不符的想法。

（3）深入分析：对于通过初步筛选的创意，进行更深入的分析和讨论。可能包括市场研究、技术评估、成本分析等。

（4）多轮筛选：筛选过程可能需要进行多轮，每一轮都更加深入地评估剩余的创意，直至确定最有潜力的几个想法进行下一步的开发。

创意生产与创意筛选是创新过程中至关重要的步骤。它们可以确保创新活动的方向和焦点，帮助团队集中资源和力量，在众多可能的创意中找到最具潜力的解决方案。

7.2.2 从概念到原型

将创意转化为可行原型是科技创新过程中的关键步骤。它涉及将筛选出的创新想法具体化，以便进行进一步的测试和评估。这个过程不仅需要技术知识，还需要设计思维和迭代策略。以下是将创意转化为可行原型的主要步骤。

1. 明确概念

在开始制作原型之前，首先需要明确和细化选定的创意。这包括定义产品或技术的核心功能、目标用户、预期效果和关键性能指标（KPIs）。明确这些信息，有助于指导原型的设计和开发。

2. 设计规划

根据明确的概念，进行初步的设计规划。这可能包括草图、设计图、工作流程图等，用于展示产品的外观、结构和工作原理。在这一阶段，设计师、工程师和项目管理者需要紧密合作，确保设计方案既有创新性又有可行性。

3. 选择原型类型

根据项目的具体需求和资源情况，选择合适的原型类型。原型可以是低保真（如纸上模型、简单模拟）或高保真（如功能性软件应用、工作原理模型）。低保真原型适用于快速迭代和概念验证；高保真原型则更接近最终产品，适用于深入测试和用户体验评估。

4. 制作原型

使用选定的材料和技术开始制作原型。在这一过程中，团队可能会使用各种工具和技术，如 3D 打印、编程开发平台、硬件集成等，以实现原型的功能和设计要求。

5. 测试与评估

完成原型的制作后，进行内部测试和评估，以验证其功能和性能是否符合预期。这一阶段可能会识别出需要改进的地方，从而回到设计阶段进行调整。

6. 用户反馈

将原型展示给目标用户，收集反馈意见。用户反馈对于评估原型的实用性、易用性和市场潜力至关重要。同时，还需要根据反馈进行必要的调整和优化。

7. 迭代开发

原型开发是一个迭代的过程，人们要根据测试结果和用户反馈不断进行调整和改进。每次迭代都旨在提高原型的性能和用户体验，直至满足最终的产品要求。

通过从概念到原型的这一过程，创意被转化为具体的、可测试的实体。这一阶段是验证创意可行性的关键，也是产品开发过程中不可或缺的一部分。通过反复的设计、制作、测试和迭代，人们可以逐步完善产品设计，为最终的走向市场打下坚实的基础。

7.2.3 实验验证与迭代

实验验证与迭代是科技创新过程中至关重要的环节。它们确保创新成果不仅在理论上可行，而且在实际应用中也能满足预期的性能和需求。以下是如何通过实验验证创新成果，并基于反馈进行迭代改进的分析。

1. 设计实验

设计实验的首要步骤是明确实验的目标和假设。这包括确定要验证的具体功能、性能指标或用户体验方面的假设。接着，设计实验流程和方法，确保能够有效收集数据以验证这些假设。

2. 选择合适的实验方法

根据创新成果的性质和实验目标，选择合适的实验方法。这可能包括实验室测试、现场试验、A/B 测试等。对于产品功能性的验证，实验室测试可能更为适用；对于用户体验的验证，可能需要现场试验或 A/B 测试。

3. 实施实验

在准备好实验设备、样品和相关资源后，按照设计的实验流程实施。在实验过程中，详细记录实验条件、过程和结果,确保数据的准确性和可靠性。

4. 数据分析和评估

实验结束后,对收集到的数据进行分析,评估创新成果是否满足预设的条件和目标。数据分析可能揭示产品性能的强项和弱点,或用户体验的关键改进点。

5. 收集反馈

除了实验数据外,用户反馈也是验证创新成果的重要组成部分。通过调查问卷、访谈、用户测试等方式,人们收集目标用户对原型或产品的反馈意见。

6. 迭代改进

基于实验验证的结果和用户反馈,识别需要改进的领域。然后,回到设计阶段对产品或服务进行相应的调整和优化。这个过程可能需要多次迭代,每次迭代都旨在提高产品的性能和用户满意度。

7. 持续迭代和学习

创新是一个持续的过程,即使产品推向市场后,也需要不断收集用户反馈和市场数据,进行持续迭代和优化。同时,每一轮迭代都是一个学习的过程,团队应从中汲取经验,不断提高创新和开发能力。

通过实验验证和基于反馈的迭代改进,创业者和研发团队能够确保他们的创新成果在实际应用中真正有效和有价值。这个过程不仅有助于提升产品的质量和市场竞争力,也是推动科技进步和创新发展的关键。

7.3 技术创新与产品开发

7.3.1 技术驱动的产品创新策略

技术驱动的产品创新策略涉及利用新技术或对现有技术的改进来开发新产品或服务。这种策略要求企业不仅关注技术本身,还要密切关注市场需求和用户体验,确保技术创新能够转化为市场上成功的产品。以下是实施技术驱动的产品创新策略的关键步骤。

1. 技术侦察与预测

持续跟踪和分析新兴技术趋势,包括科技发展、专利分析、竞争对手动态等。利用技术侦察和预测工具,如技术路线图、情景分析等,识别可能影响未来产品开发的关键技术。

2. 市场和用户需求研究

技术创新应以市场和用户需求为导向,通过市场研究、用户访谈、焦点小组等方法深入了解用户需求和痛点,以及他们对新技术的接受度和期望。

3. 技术与需求匹配

将技术能力与市场需求相匹配,识别哪些新技术或技术改进能够满足特定的市场需求或创造新的市场机会。这一步骤需要跨学科团队的合作,将技术专家和市场专家的知识结合起来。

4. 概念验证和原型开发

基于选定的技术和市场需求，开发初步的产品概念，并通过原型开发进行验证。这包括评估技术的可行性、产品的功能性和用户体验。

5. 技术开发和迭代

在原型验证基础上，进行技术的详细开发和优化。这一过程可能需要多次迭代，每次迭代都应基于用户反馈和测试结果对产品进行调整和改进。

6. 集成和系统测试

将开发的技术集成到完整的产品或服务中进行系统测试，以确保产品在各种使用条件下都能可靠地工作。

7. 市场导入和持续改进

在产品开发完成后，制订市场导入计划，包括营销策略、渠道选择、定价策略等。同时，产品上市后，也要持续收集用户反馈，根据市场反馈持续进行产品改进和技术升级。

技术驱动的产品创新策略要求企业在深入理解技术潜力的同时，紧密关注市场动态和用户需求。通过将技术创新与市场需求结合起来，企业能够开发出真正满足用户需求、具有竞争力的新产品和服务。

7.3.2 用户需求与市场导向的创新

用户需求与市场导向的创新强调从用户的实际需求出发，通过技术创新来满足这些需求，从而推动产品开发和市场成功。这种创新策略要求企业密切关注市场趋势、用户行为和需求变化，并将这些因素作为技术研发和产品设计的核心指导。以下是结合市场和用户需求进行技术创新的关键步骤。

1. 深入理解用户需求

进行用户研究是理解需求的第一步。通过用户访谈、问卷调查、用户观察、情景分析等方法，企业不断深入收集关于用户需求、偏好和痛点的信息，重点是挖掘用户未明确表达的潜在需求和期望。

2. 市场分析和趋势预测

对市场进行细分，分析各细分市场的特点、竞争格局和发展趋势。利用市场趋势预测和消费者行为分析等工具，识别未来的市场机会和潜在风险。

3. 建立用户中心的设计思维

采用用户中心的设计思维，将用户需求放在产品开发的中心位置。在设计和开发过程中，不断回归用户需求，确保产品功能、界面和体验能够真正解决用户的问题。

4. 快速原型开发和测试

基于用户需求迅速构建原型，并通过用户测试获取反馈。利用迭代的方法，不断调整和优化产品设计，直到找到最佳的解决方案。

5. 跨学科团队合作

鼓励跨学科团队合作，将市场专家、产品设计师、技术研发人员和用户体验专家等集成到创新过程中。这种跨学科的合作有助于从不同角度理解用户需求，并促进综合解决方案的产生。

6. 持续的用户反馈循环

将用户反馈作为持续改进产品的基础。即使产品上市后，也要持续收集和分析用户反馈，根据市场反应进行必要的技术更新和产品迭代。

7. 灵活适应市场变化

面对快速变化的市场环境，企业需要保持灵活性，能够快速适应市场和用户需求的变化。这可能意味着企业要不断调整业务模式，探索新的技术应用或开拓新的市场领域。

通过将市场和用户需求作为技术创新的出发点和归宿，企业可以更有效地推动产品开发和促进商业成功。用户需求与市场导向的创新，不仅有助于提高产品的市场接受度，还能增强企业的竞争力和市场影响力。

7.3.3 案例研究：成功的技术创新产品

除了全球知名的科技巨头之外，还有众多的技术创新产品在特定领域取得显著成就。以下是几个成功的技术创新产品案例及其关键成功因素。

1. 华大基因

（1）案例简介：华大基因是世界领先的基因组学研究机构之一，专注于基因测序和精准医疗的研究与应用。华大基因通过创新的基因测序技术，为疾病诊断、个体化治疗和科学研究提供了强有力的支持。

（2）关键成功因素：

技术领先：持续的技术研发和创新，使其在基因测序技术方面保持全球领先地位。

行业应用：将基因技术应用于医疗健康、农业、法医等多个领域，实现了技术的广泛应用和较大的社会价值。

2. 科大讯飞

（1）案例简介：科大讯飞是中国领先的智能语音和人工智能公共服务平台，提供语音识别、语音合成、自然语言处理等技术服务。科大讯飞的产品广泛应用于教育、医疗、智能家居等领域。

（2）关键成功因素：

持续创新：在语音识别和人工智能领域持续进行技术创新和研发投入。

（3）跨行业合作：与多个行业建立合作关系，将智能语音技术融入日常生活和工作场景中。

3. 蚂蚁金服

（1）案例简介：蚂蚁金服（现更名为蚂蚁集团）是全球领先的数字金融服务提供商，

它在区块链技术方面的创新应用,如跨境汇款和供应链金融,为金融行业提供了更加透明、高效和安全的解决方案。

(2)关键成功因素:

技术创新与应用:在区块链技术上的持续创新和实际应用,提高了金融交易的效率和安全性。

生态系统建设:构建了覆盖支付、财富管理、保险和借贷等多个领域的数字金融生态系统。

这些案例表明,技术创新不仅需要对技术本身进行突破,还需要深入了解行业需求,与行业应用紧密结合,通过技术解决实际问题。成功的技术创新产品往往具备技术领先、市场导向、生态系统良好构建等关键因素,这些因素共同促进了产品的市场成功和社会影响力的扩大。

7.4 增强科技创新能力的实践策略

7.4.1 跨学科合作的价值

在日益复杂和多变的科技环境中,跨学科合作成为推动科技创新的重要力量。跨学科团队汇集了不同领域的专家,通过综合多学科的知识和技能,以更全面和深入的视角解决问题,促进创新的产生。以下是跨学科合作促进科技创新的几个关键方面。

1. 促进创意的碰撞与融合

跨学科团队中,来自不同背景的成员能够带来多样化的视角和思维方式。这种多元性促进了创意的碰撞和融合,为解决复杂问题和探索新领域提供了丰富的想法和解决方案。

2. 提高问题的解决效率

面对复杂的科技挑战时,单一学科往往难以提供全方位的解决方案。跨学科团队可以集合各方面的专业知识,从多个角度分析和解决问题,提高了问题解决的效率。

3. 加速知识和技术的融合

科技创新往往需要将不同领域的知识和技术相结合。跨学科合作促进了知识和技术的交流与融合,有助于开发出集成多学科优势的新技术和产品。

4. 增强研究和开发的适应性

随着科技和市场的快速变化,产品的研究和开发过程需要不断适应新的挑战和满足多样化的需求。跨学科团队具有更高的灵活性和适应性,能够快速调整研究方向和开发策略,以应对变化。

5. 培养创新文化和持续学习的环境

跨学科合作不仅促进了项目目标的实现,还有助于建立一种开放的创新文化和持续学习的环境。团队成员可以相互学习,不断扩展自己的知识边界,促进个人和团队的成长。

实施跨学科合作的策略包括但不限于建立跨学科沟通平台、定期组织跨学科研讨会、鼓励跨领域项目合作，以及创建多学科融合的研发团队等。通过这些措施，人们可以实现跨学科合作价值的最大化，促进科技创新的发展。

7.4.2 创新文化与组织支持

构建支持创新的组织文化和结构对于激发员工的创造力、促进新思想的产生，以及实现持续的科技创新至关重要。以下重点分析构建这种文化和结构的重要性以及实施策略。

1. 重要性

1）激发内部创新动力

一个鼓励创新的组织文化能够激发员工的内在动力，鼓励他们提出新想法，探索未知领域，并对改进和创新持开放态度。

2）降低创新的心理障碍

在支持创新的文化中，失败被视为学习和成长的机会。这有助于减轻员工尝试新事物时的心理压力，鼓励他们大胆实验和创新。

3）促进跨部门合作

创新往往需要跨专业、跨部门的合作。支持创新的组织结构促进了不同部门和团队之间的信息流通与资源共享，从而加速了创新项目的开展。

4）吸引和保留人才

创新文化是吸引顶尖人才的重要因素之一。优秀的创新人才倾向于选择那些能够提供实验空间、支持个人成长和认可创新成果的组织。

5）提高竞争力和适应性

在快速变化的市场环境中，拥有创新文化的组织能够更快地适应市场变化，推出新产品和服务，从而保持竞争力。

2. 构建策略

1）明确创新愿景和目标

领导层需要明确组织的创新愿景和目标，并将其传达给所有员工，确保全员对创新的方向和重要性有一致的理解。

2）提供资源和支持

组织应提供必要的资源支持，包括资金、时间、设备等，为创新活动创造条件。同时，建立支持创新的政策和程序，比如奖励机制、知识产权保护等。

3）培养开放和包容的氛围

鼓励开放的沟通和多元化的思维，尊重和包容不同的观点和想法。建立一个安全的环境，让员工不惧怕提出和尝试新想法。

4）鼓励跨学科合作

通过组织跨部门的项目团队、工作坊和研讨会等活动，促进不同背景和专业员工之间的合作与交流。

5）强化学习和迭代

创新是一个不断试错和学习的过程。组织应建立鼓励持续学习的文化，对失败持宽容态度,将其视为宝贵的学习和成长机会。

通过这些策略,组织不仅能够构建一个支持和促进创新的文化与结构,还能够长期维持其创新能力和市场竞争力。

7.4.3 持续学习与技术前沿追踪

在快速发展的科技环境中,持续学习与紧跟技术前沿是维持和增强组织以及个人创新能力的关键。以下内容强调了这一点的重要性并提出一些实践建议。

1. 重要性

(1)适应快速变化的科技环境:科技领域的知识和技术正以前所未有的速度更新和发展。只有通过持续学习,个人和组织才能适应这种快速的变化,避免技术和知识的过时。

(2)保持竞争优势:在激烈的市场竞争中,掌握新的技术和发展趋势可以为企业提供竞争优势,帮助企业开发创新产品和服务,满足市场需求。

(3)促进跨界创新:持续学习和技术追踪有助于发现不同领域间的交叉和融合机会,促进跨界创新。很多颠覆性的创新源于对不同学科和技术的深入理解与应用。

(4)激发创新思维:持续学习新知识和技术可以激发创新思维,帮助个人和团队跳出传统思维模式,探索新的解决方案。

2. 实践建议

(1)建立学习机制:为员工提供持续学习的机会和资源,如在线课程、研讨会、工作坊等。鼓励员工定期参加学习活动,更新知识和技能。

(2)加强技术趋势监控:设立专门团队或岗位负责监控和分析技术发展趋势,定期向组织内部分享新的技术信息和市场动态。

(3)鼓励内部分享和交流:通过内部研讨会、技术分享会等形式,鼓励员工分享学习经验和技术见解,促进知识的内部流通和交流。

(4)建立合作与伙伴关系:与学术机构、研究组织和其他企业建立合作和伙伴关系,共享资源和知识,共同探索新技术和研究领域。

(5)鼓励实验和探索:为员工提供实验和探索新技术的空间与资源,即使这些探索不一定立即产生商业成果。鼓励创新和尝试的文化有助于技术的长期积累和创新能力的提升。

通过持续学习和技术前沿追踪,组织和个人可以不断适应技术发展的新趋势,保持创新活力,从而在科技创新的长跑中保持领先。

7.5 深入案例研究

7.5.1 国内外突破性科技创新案例

科技创新项目往往会改变行业格局,甚至影响社会发展方式。以下是对几个具有里程碑意义的国内外科技创新项目的详细分析,包括技术难点、创新过程和其带来的影响。

1. CRISPR-Cas9 基因编辑技术

（1）技术难点：精确、高效、低成本地在生物体的基因组中进行编辑，是长久以来生物科学领域的巨大挑战。

（2）创新过程：科学家珍妮弗·道德纳（Jennifer Doudna）和艾玛纽埃勒·沙尔庞捷（Emmanuelle Charpentier）率先发现了 CRISPR-Cas9 系统可以作为一种简单、高效的基因编辑工具。通过对这一自然存在于细菌中的免疫机制的研究和应用，他们开创了基因编辑的新纪元。

（3）影响：CRISPR-Cas9 技术的发展为遗传病治疗、作物改良、生物研究等领域带来了革命性的变化，其影响深远且广泛，被誉为 21 世纪生物科学的重大突破。

2. 中国墨子号量子科学实验卫星

（1）技术难点：在太空中实现量子纠缠分发和量子密钥分发，是实现长距离量子通信的关键技术挑战。

（2）创新过程：中国科学家领衔的团队成功发射了墨子号量子科学实验卫星，并在太空中实现了地球距离最远的量子纠缠分发，以及基于量子纠缠的安全通信。

（3）影响：墨子号的成功不仅标志着中国在量子通信领域的领先地位，也为全球量子互联网的建立奠定了基础，具有深远的科技和安全意义。

3. 特斯拉电动汽车

（1）技术难点：高效能电池技术和电动汽车的大规模商业化是电动车行业面临的主要技术挑战。

（2）创新过程：特斯拉通过技术创新和改进，解决了电动汽车续航里程短、充电基础设施不足等问题，推动了电动汽车技术和市场的发展。

（3）影响：特斯拉不仅改变了汽车行业的竞争格局，还促进了全球汽车行业朝着更环保、可持续的方向发展，加速了传统汽车企业的电动化转型。

4. 5G 通信技术

（1）技术难点：提高数据传输速率，降低通信延迟，提升网络容量和连接稳定性，是 5G 技术发展面临的挑战。

（2）创新过程：全球多个国家和地区的科研机构、通信企业共同参与 5G 标准的制定和技术研发，推动了 5G 技术从概念到商用的转变。

（3）影响：5G 技术的应用极大地提升了移动互联网速度，促进物联网、智能制造、远程医疗等领域的发展，对经济社会产生广泛影响。

这些案例表明，科技创新往往需要突破重大的技术难点，通过团队的共同努力和跨学科合作完成。它们不仅改变了特定领域的技术和市场格局，也对社会进步和人类生活产生了深远的影响。

7.5.2 中国科技转型中的成功项目

在中国科技快速发展和转型的背景下，一些科技项目通过创新实现了重大突破，并为中国的科技转型和产业升级做出了重要贡献。以下探讨几个代表性的成功项目及其影响。

1. 高速铁路技术

（1）项目概述：中国高速铁路项目通过自主研发和技术创新，建成了世界上最长的高速铁路网络。这一项目不仅涵盖了铁路设计、制造、建设等多个方面的创新，还包括了智能控制和服务系统的开发。

（2）突破与转型：中国高速铁路的成功实施，展示了中国在现代交通基础设施建设方面的技术和工程能力。同时，该项目促进了相关制造业和服务业的发展，推动了区域经济一体化。

2. 北斗卫星导航系统

（1）项目概述：北斗卫星导航系统是中国自主研发的全球卫星导航系统，提供高精度、高可靠的定位、导航和时间服务。北斗系统的建设，标志着中国在空间科技领域的重大突破。

（2）突破与转型：北斗系统的成功部署，不仅提高了中国在全球卫星导航领域的竞争力，也为交通、农业、海洋、灾害预防等多个行业提供了重要的基础设施支持，促进了这些领域的技术进步和产业升级。

3. 5G通信网络部署

（1）项目概述：中国在5G通信技术研发和部署方面取得了显著进展，成为全球5G技术商用的先行者之一。中国的5G网络建设涵盖基站建设、核心网技术、终端设备研发等多个方面。

（2）突破与转型：5G网络的快速部署为中国经济的数字化转型提供了强有力的支持，促进了智能制造、智慧城市、远程医疗等领域的发展，加速了中国在新一代信息技术领域的创新和应用。

4. 新能源汽车产业发展

（1）项目概述：中国政府大力支持新能源汽车产业的发展，通过政策扶持、技术研发和市场推广等措施，促进了电动汽车、插电式混合动力汽车等新能源汽车数量的快速增加。

（2）突破与转型：新能源汽车产业的发展不仅减少了对化石能源的依赖，改善了环境质量，还推动了汽车产业的技术革新和模式创新，使中国成为全球新能源汽车产业的领导者之一。

这些成功项目展示了中国在科技创新和产业转型方面的决心与能力。通过持续的技术研发、政策支持和市场培育，中国正逐步建立起具有国际竞争力的科技产业体系，为经济的高质量发展奠定了坚实基础。

思考题

1. 分析CRISPR-Cas9基因编辑技术的发展过程

讨论CRISPR-Cas9技术的发现给生物医学领域带来的影响，分析该技术在道德和法律层面可能引发的问题。

2. 探讨中国高速铁路的技术创新

描述中国高速铁路系统中的哪些技术创新促进了其快速发展，分析这些创新是如何解决高速铁路建设和运营中的关键技术难题的。

3. 评价北斗卫星导航系统的战略意义

分析北斗系统的成功部署对中国及全球导航系统竞争格局的影响，讨论北斗系统在民用和军用领域的潜在应用。

4. 讨论 5G 网络对经济社会的影响

评估 5G 技术的快速部署对中国数字经济发展的作用，探讨 5G 技术是如何推动智慧城市和物联网等领域的创新的。

5. 分析新能源汽车产业的发展策略

描述中国新能源汽车产业发展所采取的关键策略，分析这些策略是如何促进产业的快速成长以及对全球汽车产业竞争格局产生影响的。

6. 探索跨学科合作在科技创新中的作用

基于一个具体案例分析跨学科团队如何通过集成不同领域的知识和技能，解决了一个复杂的科技问题。

7. 评估创新文化对企业科技创新能力的影响

讨论一个企业或组织是如何通过培养创新文化和组织支持，成功实现科技创新的，分析这种文化和支持对创新成果的具体贡献。

第 8 章　培养科技研发的能力

8.1　科研项目管理

科研项目管理是指在科学研究过程中应用项目管理的原则、方法和技术，高效率地达成研究目标。科研项目管理涉及多个方面，包括项目规划、资源分配、时间管理、风险管理等，其目的是确保科研项目按期完成，达到预期的研究目的，并有效利用资源。

8.1.1　科研项目管理基础

1. 基本原则

（1）明确目标：科研项目的实施从设立明确和具体的目标开始。这包括确定项目的研究问题、预期成果、影响以及完成时间等。

（2）计划与组织：制订详细的项目计划，包括研究方法、时间表、资源分配和团队职责。良好的组织能力是科学管理复杂科研项目的关键。

（3）资源管理：合理分配项目所需的各种资源，包括资金、人力、设备和数据等。有效的资源管理可以提高项目的执行效率和成果质量。

（4）风险管理：识别项目中可能遇到的风险，并制定应对措施。这包括技术风险、财务风险、时间风险等。

（5）沟通与合作：保持项目团队内外的有效沟通，促进知识和信息的共享。跨学科和跨机构合作可以带来额外的资源和视角。

（6）监控与评估：定期监控项目进展，与计划进行对比，并根据需要调整。项目结束后，进行总结评估，吸取经验教训。

2. 方法

（1）工作分解结构（WBS）：将复杂的项目任务分解成更小、更易管理的单元，帮助团队成员清晰理解各自的任务和责任。

（2）甘特图：用于规划和跟踪项目进度的工具，通过时间轴直观展示项目任务和阶段安排。

（3）里程碑计划：确定项目的关键节点，帮助团队集中精力完成重要的任务，确保项目按时进展。

（4）风险矩阵：评估项目风险的可能性和影响，确定优先级，以便有效分配资源进行风险管理。

科研项目管理的有效实施，不仅能够提高研究效率，减少资源浪费，还能够增加项目成功的可能性。因此，培养科技研发领域的项目管理能力对于科研人员和科技企业来说至关重要。

8.1.2 项目规划与执行

有效地规划和执行科技研发项目是确保项目成功的关键。这不仅需要有明确的目标和计划，还需要在项目执行过程中灵活应对各种挑战。以下是关于如何有效规划和执行科技研发项目的讨论，要特别关注时间管理和资源分配等关键因素。

1. 项目规划

（1）确定项目目标和范围：明确项目的最终目标、预期成果和研究范围，确保所有团队成员对项目目标有一致的理解。

（2）制订详细的项目计划：基于项目目标，制订详细的研究计划，包括研究方法、实验设计、数据分析方案等。同时，编制时间表，确定项目的主要阶段和关键里程碑。

（3）资源分配：根据项目计划，合理分配资源，包括资金、人员、设备和材料等。考虑到资源的限制，把资源优先分配到关键任务和研究活动上。

（4）风险评估与计划管理：识别潜在的风险因素，评估这些风险对项目的可能影响，制定相应的风险管理和应对策略。

2. 项目执行

（1）时间管理。

设定优先级：根据任务的重要性和紧急程度设定优先级，确保关键任务和活动优先执行。

使用项目管理工具：利用甘特图、项目管理软件等工具，有效跟踪项目进度，确保按计划执行。

（2）资源管理。

动态调整资源分配：在项目执行过程中，根据实际进展和遇到的挑战，灵活调整资源分配，确保关键活动有足够的资源支持。

高效利用资源：通过优化工作流程和提高团队协作效率，确保资源被高效利用。

3. 沟通与协作

（1）定期沟通：定期召开项目进展沟通会议，让团队成员分享进展、讨论问题和调整计划。

（2）促进跨学科合作：鼓励团队内部跨学科合作，充分利用团队成员的专业知识和技能，共同解决科研问题。

4. 监控与调整

（1）定期评估项目进展：定期评估项目进展情况，与原计划进行对比，及时发现偏差和问题。

（2）灵活调整计划：面对项目执行中出现的问题和挑战，及时调整项目计划和策略，确保项目目标的实现。

通过上述规划和执行策略，科技研发项目管理能够更加系统和有效，从而提高研究成果的质量和项目成功的概率。

8.1.3 风险管理与质量控制

科研项目在执行过程中面临多种潜在风险。这些风险可能来自技术挑战、资源限制、时间延误、合作伙伴缺乏可靠性等方面。有效的风险管理和质量控制策略对于确保项目按时完成并实现预期效果至关重要。以下是对科研项目潜在风险的分析以及如何进行风险管理和质量控制的讨论。

1. 潜在风险

（1）技术风险：技术不成熟或研究过程中遇到未预见的技术障碍。
（2）资源风险：资金不足、人力资源不足或设备故障等资源相关问题。
（3）时间管理风险：项目进度延误，无法按时完成关键任务。
（4）合作伙伴风险：依赖的外部合作伙伴未能按时提供必要的服务或资源。
（5）市场风险：研究成果的市场需求变化或竞争情况发生变动。
（6）法律和道德风险：研究过程中可能遇到的法律限制或道德问题。

2. 风险管理

（1）风险识别和评估：定期进行风险识别，评估每个风险的可能性和影响程度，优先处理高风险因素。
（2）制定风险应对策略：针对不同的风险制定应对策略，包括风险避免、减轻、转移（例如，通过保险）或接受。
（3）建立风险监控体系：建立一个风险监控机制，实时跟踪风险的发展，在风险发生时迅速响应。

3. 质量控制

（1）制定质量标准：明确项目的质量目标和标准，包括研究数据的准确性、报告的完整性等。
（2）过程控制：在研究过程中实施质量控制措施，如实验室标准操作程序（SOP）、同行评审等，确保研究活动的质量。
（3）质量审核：定期进行内部或外部的质量审核，检查研究过程和成果是否符合预定的质量标准。
（4）持续改进：基于质量控制结果，识别改进机会，不断优化研究流程和方法。

通过有效的风险管理和质量控制，可以更好地应对各种不确定性和挑战，提高研究成果的可靠性和价值。这不仅有助于保护项目投资，还能提升研究团队的信誉和竞争力。

8.2 科技道德与可持续发展

8.2.1 科技道德的重要性

科技道德在科技研发过程中扮演着至关重要的角色，它关乎科学研究的正当性、社会责任以及科技成果的广泛接受度。在快速发展的科技领域，遵守道德原则尤为重要。以下是几个主要原因。

1. 保障人权与尊严

科技研发应尊重和保护人类的基本权利与尊严，特别是在涉及人类参与的研究中。道德原则要求科研活动避免对人类造成伤害或不公平待遇。

2. 维护社会公正与公平

科技进步应惠及社会各界，遵循道德原则，防止科技成果加剧社会不平等，确保科技发展成果能够公平分配。

3. 促进环境可持续性

科技研发应考虑其对环境的影响，推动环境保护和可持续发展。科技道德强调对自然环境的责任，鼓励发展和采用环保技术。

4. 提高科研诚信

遵守科技道德原则有助于提升科研工作的透明度和诚信度，防止科研舞弊行为，如数据伪造、篡改等，确保科研成果的真实性和可靠性。

5. 增强公众信任

在科技不断进步的今天，公众对科技发展的忧虑和质疑也在增加。科技研发过程中遵循道德原则有助于建立和维护公众对科学研究和技术创新的信任。

6. 应对道德困境

科技发展常常带来新的道德困境和道德挑战，如人工智能的道德边界、基因编辑的道德争议等。在研发过程中坚守道德原则有助于科研人员面对这些挑战时做出合理和负责任的决策。

遵守科技道德原则不仅是每个科研人员的责任，也是科技研发机构和整个社会共同的责任。强化科技道德教育、建立完善的道德审查制度、鼓励公众参与和监督等措施，可以促进科技研发过程中的道德规范化，确保科技进步更好地服务于人类社会和环境的可持续发展。

8.2.2 科研活动中的道德挑战

科技研发过程中可能遇到多种道德挑战。这些挑战涉及研究的各个方面，如从研究设计到数据收集、分析以及成果的应用等。正确识别和应对这些道德挑战，对于确保科研活动的顺利推进和社会的可持续发展至关重要。以下是一些常见的道德挑战及其潜在的解决方案。

1. 对人类参与者的保护

（1）挑战：确保研究不对参与者造成伤害，尤其是在涉及敏感信息或可能对参与者造成身心影响的研究中。

（2）解决方案：实施严格的伦理审查流程，确保所有研究获得知情同意，对参与者的隐私和数据进行保护。

2. 数据诚信和透明度

（1）挑战：避免数据伪造、篡改或选择性报告结果，这些行为都会损害科研诚信。

（2）解决方案：制定健全的数据管理和共享政策，鼓励开放科学实践，如预注册研究设计和开放获取数据。

3. 环境保护和可持续发展

（1）挑战：确保科技研发不对环境造成损害，同时促进社会的可持续发展。

（2）解决方案：在研发过程中采用生态友好和可持续的方法与材料，进行生命周期评估，考虑产品对环境产生的影响。

4. 动物福利

（1）挑战：在使用动物进行科研时，确保动物受到人道对待，减少不必要的痛苦。

（2）解决方案：遵循"3R"原则（替代、减少、精炼），尽可能寻找替代实验模型，减少动物使用数量，优化实验设计，减轻动物的痛苦。

5. 双重用途研究

（1）挑战：科研成果可能被用于非和平目的，如生物武器的开发。

（2）解决方案：进行研究前的风险—收益分析，对具有双重用途风险的研究实施额外的审查和监管。

6. 科技不平等

（1）挑战：科技进步可能加剧社会不平等，使特定群体受益，而其他群体被边缘化。

（2）解决方案：在科技研发和政策制定过程中考虑公平性和包容性，确保科技成果惠及所有社会群体。

应对这些道德挑战需要科研人员、机构以及整个社会的共同努力。通过建立和实施严格的伦理准则、提高伦理意识、促进跨学科伦理讨论以及强化伦理教育，人们可以有效应对科技研发中的道德挑战，确保科研活动负责任地进行。

8.2.3 可持续发展与科技创新

科技创新在促进可持续发展目标（sustainable development goals，SDGs）的实现中扮演着核心角色。它不仅能够提供应对当前环境和社会挑战的新方法，还能够开创实现经济增长与环境保护并重的新路径。以下分析科技创新如何促进可持续发展目标的实现。

1. 清洁能源和可再生能源

科技创新在开发高效、可靠和经济的清洁能源技术方面至关重要，如太阳能、风能和生物质能等。这些创新有助于减少对化石燃料的依赖，降低温室气体排放，推进全球应对气候变化的努力。

2. 智能农业

利用物联网、大数据和人工智能等科技创新,人们可以提高农业生产效率,减少资源浪费,实现精准农业。这有助于保障食品安全,提高农产品质量,同时保护生态环境。

3. 水资源管理

科技创新在提高水资源的使用效率和管理中发挥着关键作用,包括水质监测技术、废水处理和循环利用技术等。这有助于保护水资源,确保社会和经济的可持续发展。

4. 健康和福祉

通过医疗健康领域的科技创新,如远程医疗、精准医疗和新药物研发等,人们可以提高医疗服务的可及性和效率,促进全球公共卫生和福祉。

5. 可持续城市和社区

科技创新促进智能城市建设,包括智能交通系统、能效建筑和城市数据分析等,有助于提高城市管理效率,减少环境污染,提升居民生活质量。

6. 工业创新和基础设施

在工业生产和基础设施建设中应用新材料、能效技术和智能制造等创新,可以降低资源消耗和环境影响,推动产业升级和经济结构优化。

7. 环境保护和生物多样性

科技创新有助于生态保护和生物多样性保护,如野生动植物监测技术、生态恢复技术和自然资源可持续管理方法等。

科技创新不仅能够直接促进可持续发展目标的实现,还能够通过提高社会的整体创新能力和适应性,为应对全球性挑战提供支持。为了充分发挥科技创新在促进可持续发展中的作用,人们需要跨学科合作、政策支持和社会参与,共同创造一个可持续的未来。

8.3 团队合作与领导力

8.3.1 建立高效的科研团队

构建和维护一个高效、协作的科研团队对于实现科技创新和研究目标至关重要。以下是实现这一目标的关键策略。

1. 明确团队目标与角色

在初始阶段,要明确团队的整体研究目标和每个成员的角色及责任。这有助于确保所有团队成员都对团队的方向和期望有清晰的认识。

2. 选择合适的团队成员

在组建团队时,重视成员的专业技能与经验,同时考虑其沟通能力和团队合作精神。多样化的团队能够促进创意的碰撞和技能的互补。

3. 培养信任与尊重

通过团队建设活动和日常互动，培养团队成员之间的信任和相互尊重。一个信任的环境能够鼓励团队成员分享想法和知识，提高团队的协作效率。

4. 有效沟通

建立有效的沟通渠道和机制，确保团队成员能够及时交流信息、讨论问题和分享进展。定期举行团队会议，鼓励开放和坦诚的沟通。

5. 共享愿景和价值观

通过共享团队的愿景和价值观，增强团队的凝聚力和归属感，确保每位成员都认同团队的目标，并致力于实现这些目标。

6. 鼓励创新和承担风险

鼓励团队成员提出新想法，尝试新方法，并在必要时承担合理的风险，为团队创造一个安全的环境，让成员不惧失败，勇于创新。

7. 领导力的发挥

团队领导者应具备强大的领导力，包括愿景引领、情绪智力、决策能力和激励能力。领导者需要通过示范作用，支持和激励团队成员，推动团队向共同目标努力。

8. 持续学习和发展

为团队成员提供持续的学习和个人发展机会，帮助他们提升专业技能和团队合作能力。这不仅有助于提高团队的整体竞争力，也能增加成员的满意度和忠诚度。

通过上述策略，人们可以构建一个高效、协作的科研团队，为科技创新和研究目标的实现提供坚实的基础。团队的成功不仅取决于成员拥有较好的技能和较为丰富的知识，更在于团队文化、沟通和领导力的有效运用。

8.3.2 领导力在科技研发中的作用

在科技研发领域，领导力对于激发团队动力、促进创新能力，以及实现研究目标具有至关重要的影响。优秀的领导者能够为团队提供方向，激励团队成员，并创造一个促进创新的环境。以下是对领导力如何影响科研团队的动力和创新能力的分析。

1. 提供愿景和方向

领导力首先体现在为团队提供清晰的愿景和方向。通过明确研究目标和期望成果，领导者能够帮助团队成员理解他们的工作如何与团队的整体目标相结合，从而增强他们的目标感和参与感。

2. 激发激情和动力

领导者通过表扬、鼓励和激励措施，能够激发团队成员的激情和动力，使他们更加积极地参与到科研工作中。领导者的积极态度和对工作的热情也能够影响团队成员，提高团队的整体士气。

3. 促进创新和创造性思维

通过创造一个开放、包容的环境，领导者能够鼓励团队成员提出新想法和创新解决方案。领导者可以通过提问、挑战现状和鼓励风险承担，激发团队成员的创造性思维。

4. 培养团队合作和协作

强大的领导力能够促进团队成员之间的合作和协作。领导者通过建立有效的沟通渠道、解决冲突和鼓励多学科合作，可以增强团队的凝聚力和协作能力。

5. 提供支持和资源

领导者负责为团队争取所需的资源和支持，包括资金、设备、培训等。此外，领导者还需要提供指导和反馈，帮助团队成员克服技术难题，促进个人和团队的成长。

6. 加强适应性和灵活性

在科技研发过程中，人们经常会遇到预期之外的挑战和变化。优秀的领导者能够引导团队灵活应对变化，鼓励创新的思考方式，以适应不断变化的研究环境。

7. 培养后备人才

领导者通过培养和激励团队中的潜在领导人才，为团队和组织的未来发展奠定基础。这包括提供领导力培训、职业发展机会和挑战性的项目，以培养团队成员的领导力和研究力。

领导力在科技研发中的作用不仅限于管理和指导，更关键的是能够激发团队的科研动力、促进创新、增强团队合作，并为团队成员的成长和发展提供支持。优秀的领导者是科技创新成功的关键。

8.3.3 案例研究：优秀科研团队的领导与管理

优秀的科研团队往往有着出色的领导和高效的管理模式。以下是一个实际案例，展示了成功的科研团队是如何被管理和领导的。

（1）案例：人类基因组计划（Human Genome Project，HGP）

（2）背景：人类基因组计划（HGP）是一个国际科研项目，目标是完全测序人类DNA，识别和映射所有人类基因的位置。该项目是有史以来最大的合作生物学项目之一，涉及全球多个国家的科学家。

（3）领导与管理特点：

共享愿景：项目的领导者成功地传达了一个共享的愿景，揭示构成人类遗传信息的基因组序列。这一愿景激励全球科学家共同努力，超越了国界和学科的限制。

多学科合作：HGP的成功依赖于不同领域科学家的紧密合作，包括生物学家、化学家、物理学家、计算机科学家等。领导者鼓励跨学科交流和合作，促进了知识和技术的融合。

开放和透明：项目管理层承诺将研究结果公开分享给全世界。这种开放的政策促进了信息的自由流通，加速了科研进展，并为后续的研究打下了基础。

灵活性和适应性：在项目执行过程中，领导者显示出高度的灵活性和适应性，对科研计划和战略进行调整以适应新的科技发展要求和挑战。

鼓励创新：领导团队鼓励创新思维和新技术的开发，比如自动化 DNA 测序技术。这些创新极大地提高了项目的效率。

人才培养和团队激励：HGP 领导者重视人才培养，为年轻科学家提供了成长的平台，并通过公正的认可和奖励机制激励团队成员。

（4）成果：人类基因组计划最终成功完成，不仅极大地推进了生物科学和医学的发展，也为遗传病的诊断和治疗提供了新的方法。该项目的管理和领导模式为其他大型科研项目提供了宝贵的经验和启示。

人类基因组计划的成功，展示了强有力的领导与高效管理在科研团队中的重要性。共享的愿景、多学科合作、开放的信息政策、灵活适应的管理、对创新的鼓励以及有效的团队激励策略，是它成功的关键因素。

8.4 增强研发能力的实践策略

8.4.1 个人技能与持续学习

在快速变化的科技领域，持续学习和技能提升是科技专业人员增强研发能力的关键。不断更新的知识和技能不仅能够帮助个人适应新的科技发展，还能促进整个研发团队创新能力的提高。以下是对科技专业人员如何通过持续学习和技能提升来增强研发能力的探讨。

1. 制订个人学习计划

根据个人职业目标和研发领域的新发展趋势，制订一个有针对性的学习计划。计划应包括学习新技术、更新专业知识、提升软技能（如沟通、团队合作）等方面。

2. 参与在线课程和专业培训

利用在线学习平台和专业培训课程来获取新知识和技能。许多知名大学和机构提供了涵盖前沿科技趋势和技术的在线课程。

3. 实践和应用学习

将学习到的理论知识通过实际项目和实验进行应用，这不仅能够加深理解，还能提升解决实际问题的能力。参与实验室项目、研发竞赛或个人兴趣项目都是很好的实践方式。

4. 参加学术会议和研讨会

定期参加行业会议、研讨会和研究小组会议，可以让你了解领域内的前沿研究成果和未来发展趋势，并提供与同行交流和学习的机会。

5. 阅读科技期刊和出版物

阅读新的科技期刊、研究报告和专业书籍来跟踪技术发展和科学发现，这有助于扩展视野并激发新的研究想法。

6. 建立专业网络

通过参与专业组织、社交媒体群组和行业活动来建立与维护专业网络。与同行交流可以带来新的知识、技能和合作机会。

7. 反思和自我评估

定期进行自我评估，反思学习成果和工作表现。确定自己的强项和改进领域，相应调整学习计划和工作策略。

通过持续学习和技能提升，科技专业人员不仅能够增强自身的研发能力，还能为科技创新和团队成功做出更大的贡献。持续学习是人们适应未来科技挑战和抓住新机遇的关键。

8.4.2 创新文化的培养

培养支持创新的文化和环境对于激发组织内部的创新能力、提高竞争力，以及实现可持续发展至关重要。以下是在组织内部培养创新文化的关键策略。

1. 领导层的承诺与示范

组织的领导层应当明确承诺支持创新，并通过自己的行为为员工树立榜样。领导者应鼓励尝试新思路，把接受失败作为学习的一部分，并提供必要的资源支持创新活动。

2. 鼓励开放和多样化的思维

创建一个开放的环境，鼓励员工表达自己的想法和意见，无论这些想法多么非传统或具有挑战性。利用团队成员的多样性来激发创新思维和形成有创意的解决方案。

3. 建立跨部门合作机制

促进不同部门和团队之间的合作与交流，以便在组织内部形成综合的创新力量。跨部门的项目团队能够将不同领域的知识和技能集合起来，解决复杂问题。

4. 实施灵活的工作流程

对于创新项目，实施灵活而非僵化的管理流程。为创新活动提供足够的空间和时间，避免过多的规范和控制限制创意的发展。

5. 提供时间和资源

确保员工有足够的时间和资源来探索新想法和新技术。可以设立特定的创新基金、创新实验室，给予足够的时间，鼓励员工进行探索性项目。

6. 建立奖励和激励机制

通过奖励和认可机制来激励创新行为和成果。奖励机制不仅应包括对成功创新的认可，也应鼓励创新尝试和过程中的学习。

7. 培养学习与失败的文化

鼓励持续学习和从失败中吸取教训的文化。将失败视为创新过程中不可或缺的一部分，而不是要避免的结果。

8. 持续的教育和培训

提供持续的教育和培训机会，帮助员工更新知识、学习新技能和深入体验实践。这包括关于创新管理、设计思维和新技术的培训。

通过这些策略，组织可以逐步培养出一个支持创新的文化和环境，其中员工感到被鼓励和支持去探索新想法和新方法。一个强大的创新文化是组织形成持续竞争力和获得长期成功的关键。

8.4.3 实践指导：从理论到实施

将理论知识应用到实际的科技研发活动中是一个挑战，但遵循一系列具体的步骤和建议，人们可以有效地将理论转化为实践。以下是帮助读者运用科技研发理论知识的实践指导。

1. 明确研发目标和范围

在项目开始前，明确定义研发项目的目标、预期成果和研究范围。这有助于指导项目的整体方向和资源分配。

2. 进行市场和技术调研

在深入研究之前，进行全面的市场需求分析和技术现状调研，以确保研发项目的方向符合市场需求且具有技术可行性。

3. 制订详细的研发计划

根据研发目标，制订详细的项目计划，包括研究方法、技术路线、时间表、预算和人力资源配置。使用项目管理工具来帮助规划和监控进度。

4. 构建多学科团队

根据项目需求，组建一个跨学科的团队，集合不同领域的专家。多学科团队能够为人们解决复杂问题提供更全面的视角和创新解决方案。

5. 实施迭代开发和测试

采用迭代的研发过程，将大项目分解为小的可管理模块，逐步开发和测试。这有助于及早发现问题并做出调整，提高研发效率和成功率。

6. 鼓励创新和风险承担

在团队中培养一种鼓励创新和适度风险承担的文化，为团队成员提供一定的自由度，让他们能够尝试新思路和新方法。

7. 建立有效的沟通机制

确保团队内部以及与外部利益相关者之间形成有效的沟通。定期组织会议，分享进展，讨论问题，并根据反馈调整计划。

8. 进行持续评估和调整

在研发过程中，持续评估项目进展与原计划的偏差，根据实际情况进行必要的调整。

这包括技术方案的调整、资源重新配置等。

9. 分享知识和经验

项目结束后，总结研发过程中的成功经验和教训，与团队成员和组织内部分享。这有助于积累知识，提高未来项目的研发效率和成功率。

10. 注重知识产权保护

在研发过程中，注意保护知识产权，及时申请专利或采取其他保护措施，保护创新成果不被侵犯。

通过上述步骤和建议，科技专业人员和团队可以将理论知识有效地应用于实际的科技研发活动中，不仅提高研发效率和成果质量，还能促进个人和组织的持续创新和成长。

思考题

1. 个人学习计划

描述你如何为自己制订个人学习计划，以提升在科技研发领域的专业技能和知识。请考虑将如何选择学习资源、设定学习目标和评估学习成果。

2. 创新文化的培养

假设你是一个研发团队的领导者，你将如何在团队或组织中培养支持创新的文化。请提供具体策略和举措。

3. 理论到实施的转化

选择一个科技研发中的理论或概念，讨论你会如何将这一理论或概念转化为具体的研发活动或项目。请考虑实施的步骤、潜在挑战和预期成果。

4. 团队合作与领导力

分析一个成功的科研团队案例，探讨团队领导者如何通过领导力和管理技巧促进团队合作、激发成员动力和提高创新能力。请指出案例中的关键成功因素。

5. 持续学习与技能提升

讨论在快速变化的科技领域持续学习和技能提升对科技专业人员的重要性。你认为哪些策略或方法最有效？

6. 风险管理与质量控制

描述在科技研发项目中遇到的一个具体风险场景，并提出你的风险管理和质量控制策略。讨论如何评估风险和实施控制措施。

7. 科技伦理与可持续发展

选择一个科技研发活动中可能遇到的伦理挑战，讨论如何平衡科技进步和伦理考量，以促进可持续发展。

第9章 科技创新案例分析

9.1 突破性科技创新的全球案例

9.1.1 概述与选择标准

在分析突破性科技创新案例时,明确选择标准至关重要。它不仅影响着案例的相关性和教育价值,还能够凸显其对全球科技发展趋势的影响。以下是选取案例的主要标准及其全球意义的简介。

1. 选择标准

(1)创新性:案例中的科技创新应该代表了领域内的重大突破,展示了独特的解决方案或方法,解决了之前未能克服的技术难题。

(2)影响力:选取的案例应具有广泛的社会、经济或环境影响力。这包括对人类生活方式的改变、对特定行业的革新影响,或对环境可持续性的贡献。

(3)可持续性:案例中的科技创新应支持可持续发展目标,考虑长期的环境影响,推动社会和经济的可持续进步。

(4)代表性:案例应具有一定的代表性,反映当前科技创新的趋势和方向,如人工智能、生物技术、可再生能源等前沿领域。

(5)启示性:选取的案例应能提供有价值的学习和启示,为科技专业人员、决策者和广大公众提供灵感和思考。

2. 案例的全球意义

(1)推动科技前沿:这些案例展示了人类探索未知、推动科技进步的能力,为全球科技发展设定了新的标杆。

(2)解决全球性难题:如应对气候变化、加强医疗健康、促进资源可持续利用等,这些创新案例在解决全球性难题中扮演了关键角色。

(3)促进跨国合作:许多突破性科技创新是通过国际合作实现的,强调了在全球化背景下科学研究和技术发展的跨国合作意义。

(4)激发创新思维:这些案例为世界各地的研究者和创新者提供了灵感,鼓励他们追求新的科技突破,为社会带来更多的创新成果。

通过对这些突破性科技创新案例的分析,我们不仅能够了解科技进步如何塑造世界,还能够洞察未来科技发展的潜在方向和挑战。这些案例为我们提供了宝贵的经验和教训,指导我们如何更好地利用科技创新促进人类社会和环境的可持续发展。

9.1.2 案例分析

在本节中，我们将深入分析几个具有代表性的全球科技创新案例，探讨它们的创新背景、过程、关键技术、面临的挑战以及最终成果，以揭示这些创新如何影响科技发展和社会进步。

案例一：量子计算机的发展

（1）创新背景：传统计算机在处理某些复杂问题时受到物理和速度的限制，科学家因此寻求新的计算范式，量子计算机应运而生。

（2）过程：量子计算的概念最早在 20 世纪 80 年代被提出。随后几十年间，通过理论研究和实验验证，量子计算机的概念逐渐变为现实。

（3）关键技术：量子比特（qubit）是量子计算的基础。与传统计算机的比特不同，量子比特可以同时存在于多个状态。量子纠缠和量子叠加是实现超高速计算的关键。

（4）挑战：量子计算机的开发面临着巨大的技术挑战，包括量子比特的稳定性、量子信息的准确传输和量子系统的大规模集成。

（5）成果：尽管完全实用的量子计算机尚未面市，但一些科技公司已经展示了原型机。量子计算机预计将在药物发现、材料科学、密码学等领域带来革命性的变革。

案例二：AlphaFold 和蛋白质折叠问题

（1）创新背景：蛋白质折叠问题是生物学中的一个长期难题，解决这个问题对理解生命机制和开发新药至关重要。

（2）过程：谷歌 DeepMind 的 AlphaFold 系统通过深度学习技术，对蛋白质如何折叠成三维结构进行预测，准确率大幅度提高。

（3）关键技术：AlphaFold 利用人工智能和大数据分析，通过学习大量已知蛋白质结构的数据，预测未知蛋白质的折叠结构。

（4）挑战：蛋白质折叠的高度复杂性和计算量巨大是主要挑战。AlphaFold 的成功依赖于突破性的算法和强大的计算能力。

（5）成果：AlphaFold 的成功标志着生物学领域的一个重大突破，它对于新药开发、疾病治疗乃至人类对生命机制的理解都有深远影响。

通过这些案例分析，我们可以看到科技创新是如何解决长期存在的问题、推动科学进步并对社会产生深远影响的。每个案例都展示了从理论探索到技术实现的过程，以及科研团队面对挑战时所展现的创新精神和坚持不懈的努力。

9.1.3 成功因素与影响

通过深入分析量子计算机的发展和 AlphaFold 项目，我们可以识别出这些科技创新成功的关键因素，并评估它们对相关行业和社会的长远影响。

1. 量子计算机的发展

（1）成功因素：

跨学科合作：量子计算的发展依赖于物理学、计算机科学、数学等多个学科的紧密合作。

强大的资金支持：来自政府、科研机构和私营部门的资金支持对于高成本的量子计算研究至关重要。

持续的技术创新：在量子比特稳定性、错误率降低等关键技术领域的不断突破。

长期的视角：量子计算领域的研究人员和投资者都具备长期的研究和投资视角，对于这一前沿技术的成熟和应用具有耐心。

（2）影响：

行业变革：量子计算预计将在药物设计、材料科学、密码安全等多个领域带来革命性的变革。

科学研究：量子计算将加速复杂科学问题的解决，推动物理学、化学和生物学等基础科学的进步。

国际竞争：量子计算技术的掌握程度将成为国家科技实力和国际竞争力的重要指标。

2. AlphaFold 和蛋白质折叠问题

（1）成功因素：

先进的人工智能技术：利用深度学习算法对大量生物数据进行分析和学习，展现了人工智能在科学研究中的强大潜力。

开放科学精神：DeepMind 公开分享 AlphaFold 的研究成果，促进了全球科学界的合作和知识共享。

高效的团队协作：项目团队汇聚了顶尖的生物学家、计算机科学家和数据科学家，高效的跨学科合作是成功的关键。

（2）影响：

生物医药研究：AlphaFold 的成功将加速新药开发、疾病机理研究和个性化医疗的进展。

科学研究方法：此案例展示了人工智能技术在解决传统科学问题中的巨大潜力，可能会改变未来科学研究的方法和路径。

社会影响：通过加速医疗健康领域的创新，AlphaFold 将对人类健康和福祉产生深远的正面影响。

这些案例表明，跨学科合作、持续的技术创新、强大的资金支持、先进的技术应用以及开放科学的精神是科技创新成功的关键因素。它们不仅推动了科技和科学的进步，也对社会和经济发展产生了深远的影响，创造了新的发展机遇，引领着行业发展的新趋势。

9.2 中国科技转型中的成功项目

9.2.1 中国科技转型背景

中国的科技转型可以追溯到过去几十年中国经济和社会的快速发展，特别是改革开放以来，中国逐步从一个农业大国转型为世界第二大经济体。在这个过程中，科技创新被视为推动经济结构转型、实现可持续发展的关键因素。以下是中国科技转型的背景和国家层面的创新策略讨论。

1. 经济发展阶段的转变

随着经济的快速增长,中国面临必须从依赖劳动力成本优势的制造业向拥有更高附加值的知识和技术密集型产业转型的挑战。这就要求国家大力发展科技创新能力,推动产业升级。

2. 国家创新体系的建设

中国政府实施了一系列政策和计划,旨在建立国家创新体系,包括加大研发投入、支持高新技术产业、建设国家级科技园区等。"十三五"规划和"中国制造2035"等重要战略都将科技创新放在核心位置。

3. 科教兴国战略

中国实施科教兴国战略,强调通过科技进步和教育发展来推动国家综合国力的提升。这包括增加对基础研究的投入,提升高等教育质量,以及吸引海外高层次人才。

4. 国际合作与开放创新

在全球化背景下,中国积极参与国际科技合作,引进先进技术,同时鼓励国内企业和研究机构开展对外技术交流和合作,推动开放创新。

5. 数字经济的发展

伴随互联网技术的快速发展,中国大力推动数字经济,利用大数据、云计算、人工智能等新一代信息技术,促进传统产业的数字化、网络化和智能化转型。

6. 绿色发展和可持续发展

面对环境污染和资源枯竭的挑战,中国强调绿色发展,推动清洁能源、环境保护技术的研发和应用,以实现经济社会发展与生态环境保护的协调。

中国科技转型的背景和策略反映了国家层面对科技创新重要性的认识,以及通过科技创新促进经济社会转型和可持续发展的决心。这一过程中涌现出许多成功的科技项目和企业,不仅推动了中国科技水平的提升,也为全球科技发展做出了贡献。

9.2.2 案例分析

(1)案例:港珠澳大桥。

(2)背景:港珠澳大桥是连接中国香港、珠海和澳门的跨海大桥和隧道群,是世界上最长的跨海大桥。该项目体现了中国在大型基础设施建设领域的技术创新和工程能力。

(3)技术突破:

深水桩基技术:为了确保桥梁和隧道的稳固,项目采用深水桩基技术,解决了深水和复杂海底地质条件下的施工难题。

沉管隧道连接技术:港珠澳大桥的海底隧道采用沉管技术,创新性地在复杂的水流和地质条件下实现了精确对接。

环保材料和施工技术:在桥梁和隧道建设过程中,大量采用环保材料和施工技术,最大限度地减少对海洋生态的影响。

（4）创新模式：该项目通过政府、高校和研究机构的紧密合作，集成了多项创新技术和管理经验，展现了跨区域合作的创新模式。

（5）产业化经验：港珠澳大桥的建设不仅提升了中国在大型海洋工程建设领域的国际竞争力，也促进了相关工程技术和材料的产业化进程。项目的成功为未来类似复杂环境下大型基础设施的建设提供了宝贵经验。

（6）影响：作为连接珠江三角洲西岸和东岸的关键交通枢纽，港珠澳大桥极大地促进了区域经济一体化和社会文化交流，提高了物流效率，对推动中国经济高质量发展具有重要意义。

此案例展示了中国在解决大型基础设施项目中的技术挑战、促进区域经济发展方面的创新能力和实践经验，彰显了科技创新在支撑国家发展战略中的重要作用。

9.2.3 成功因素与挑战

探讨中国科技转型中标志性项目的成功因素与挑战，以及应对策略，不仅能够为未来的科技创新项目提供指导，还能够揭示中国科技进步的深层动力和特点。

1. 港珠澳大桥

（1）成功因素：

创新技术应用：在深水桩基建设、沉管隧道连接等方面关键技术的应用，展示了高水平的工程技术创新能力。

跨区域协作：香港、珠海、澳门以及中央政府的紧密协作，为项目提供了强有力的政策支持，提高了资源整合能力。

环境保护措施：采取先进的环保材料和施工技术，实现对海洋生态影响的最小化，体现了可持续发展理念。

（2）挑战与应对：

挑战：复杂的地质条件和强大的海流对施工技术提出了极高要求。同时，需要在建设过程中保护海洋生态环境。

应对：采用世界领先的工程技术，进行充分的地质勘察，设计合理的施工方案。同时，实施严格的环境保护措施，确保生态平衡。

2. 京张高铁智能动车组

（1）成功因素：

技术创新：采用自主研发的智能化控制系统，提高了列车运行的安全性和效率。

国际合作：在关键技术领域与国际先进企业和研究机构合作，加速技术突破和应用。

（2）挑战与应对：

挑战：如何在极端气候条件下保证列车的稳定运行，同时实现智能化管理。

应对：开展大量的模拟试验，确保技术方案的可靠性。实施智能化升级，利用大数据和人工智能优化列车的运行与维护。

3. 北斗卫星导航系统

（1）成功因素：

自主研发：突破核心技术，实现卫星导航系统的自主可控。

国家战略支持：作为国家战略项目，北斗系统获得了持续的政策和资金支持。

国际合作：与国际组织和其他国家的卫星导航系统进行互操作性合作，提高了系统的全球服务能力。

（2）挑战与应对：

挑战：在国际卫星导航体系中确立地位，与已有的 GPS 等系统竞争。

应对：强调北斗系统的独特服务功能，如短消息通信服务，开展国际合作，推广北斗系统的全球应用。

这些项目的成功展示了中国在科技创新和大型项目管理方面的成就。关键因素包括技术创新、政策支持、跨部门协作和国际合作。面对挑战，通过持续的研发投入、技术突破、环境保护和国际交流等多种策略，有效地推动了项目的有序开展，并获得了最终的成功。

9.3　科技创新与社会发展的关系

9.3.1　科技创新对社会的推动作用

科技创新是推动社会发展的关键动力，它通过提供新的解决方案、改善生活质量、促进经济增长和应对全球性挑战等多种方式对社会产生深远的影响。

1. 提高生活质量

科技创新改变了人们的生活方式，涉及日常生活的方方面面，如通信、交通、医疗和教育。智能手机、互联网、在线教育平台等的广泛应用，使信息交流更加便捷，知识获取更为容易，生活质量得到显著提升。

2. 促进经济增长

科技创新是推动经济增长的重要因素。通过创新驱动，新兴产业得以快速发展，传统产业实现转型升级，有效促进了就业，增加了税收，提高了国民经济的整体竞争力。

3. 应对全球性挑战

科技创新在应对气候变化、环境保护、能源危机、公共健康等全球性挑战中发挥着至关重要的作用。例如，清洁能源技术的发展有助于减少温室气体排放，人工智能和大数据在疫情防控期间提高了公共卫生响应的效率。

4. 推动知识的累积和传播

科技创新不仅产生了新的知识和技术，还促进了知识的累积、整合和传播。互联网和数字化技术的发展，使得知识资源更加丰富，易于获取，加速了科学研究和技术创新的进程。

5. 促进社会进步和文化多样性

科技创新促进了社会的开放性和包容性。通过新媒体和通信技术，不同文化和社会的人们能够更容易地交流和理解彼此，增进了全球文化的多样性，推动了社会的整体进步。

6. 提高公民参与和治理能力

科技工具，如社交媒体、在线投票系统等，为公民提供了更多参与社会政治生活的渠道，提高了政府的透明度和公众的监督能力，促进了社会治理的现代化。

科技创新通过这些途径推动社会的全面发展，解决人类面临的问题。然而，科技进步也带来了新的问题和挑战，如隐私保护、就业置换、数字鸿沟等。这要求社会在享受科技成果的同时，需不断调整和完善相关政策与法律，以确保科技创新能够更公平、可持续地惠及全社会。

9.3.2 案例分析：科技创新在社会问题解决中的应用

科技创新在解决社会问题中发挥着关键作用。以下是几个具体案例，展示了科技创新如何应对环境保护、健康医疗等领域的挑战。

案例一：清洁能源技术在环境保护中的应用

（1）问题：传统化石能源的广泛使用导致出现严重的环境污染和气候变化问题。

（2）创新项目：太阳能和风能技术的开发与应用。

（3）实施与成果：

开发高效率的太阳能光伏板和风力涡轮机，将自然资源转化为清洁的电力。

在世界多地建立太阳能发电站和风力发电场，减少对化石能源的依赖，降低二氧化碳排放。

成功案例包括中国的"光伏扶贫"项目，通过在贫困地区安装光伏发电设施，既解决了当地的能源需求问题，也带动了经济发展。

案例二：人工智能在健康医疗中的应用

（1）问题：全球面临医疗资源分配不均、医疗服务效率低下等问题。

（2）创新项目：利用人工智能技术开发的智能诊断系统。

（3）实施与成果：

开发基于深度学习的医学影像诊断系统，能够高效准确地识别肿瘤、疾病等异常情况。

实现远程医疗服务，通过智能设备和平台，偏远地区的患者也能获得优质医疗咨询。

成功案例包括中国的"互联网+医疗健康"项目，通过构建在线医疗服务平台，提高了医疗服务的可及性和效率。

案例三：智能水务系统在水资源管理中的应用

（1）问题：全球许多地区面临水资源短缺、水污染严重等问题。

（2）创新项目：智能水务系统，包括智能监测、泄露检测和水质分析等技术。

（3）实施与成果：

利用物联网和大数据技术对水资源进行实时监控与管理，有效预防水污染，减少水资源浪费。

在城市水务系统中部署智能泄露检测技术，提高了水资源利用效率和城市水务管理的现代化水平。

成功案例包括在中国一些城市实施的智慧水务管理项目，通过技术创新实现了水资源的可持续利用和保护。

这些案例说明，科技创新能够提供有效的解决方案来应对社会面临的环境、健康等问题。创新技术的应用，不仅能够提高人们的生活质量，还能够推动社会的可持续发展。

9.4 反思与未来展望

9.4.1 从案例学习到实践应用

科技创新案例为人们提供了宝贵的学习机会。它们不仅展示了创新成功的光辉时刻，也揭示了面临的挑战和克服困难的过程。以下是关于如何将这些经验和教训应用到未来研发活动中的讨论。

1. 重视跨学科合作

从案例中我们了解到，跨学科合作是推动科技创新的重要动力。未来的研发活动应更加开放，加快整合不同领域的知识和技能，促进创新思维的碰撞和融合。

2. 培养创新文化

成功案例强调了创新文化的重要性。组织应鼓励创新思维，容忍失败，为员工提供实验和创新的空间，从而营造支持创新的环境。

3. 保持对研发的持续投资

持续的研发投入是科技创新成功的关键影响因素。无论是政府还是私营部门，都应保持对科研活动的长期投资，特别是在基础研究领域，为未来的技术创新奠定坚实基础。

4. 采用开放创新模式

运用开放创新模式，人们能够通过整合内外部资源和能力，加速技术的发展和应用。未来研发活动中，人们应更加积极地寻求外部合作，包括与学术界、产业界和政府的合作。

5. 关注可持续发展和社会责任

科技创新应服务于社会的可持续发展，解决实际问题。未来的研发活动中，人们需要在技术创新的同时，考虑其环境影响和社会责任，确保技术应用促进环境保护和社会公平。

6. 强化适应性和灵活性

面对快速变化的科技环境和不确定的未来挑战，研发团队需要保持高度的适应性和灵活性，能够快速响应市场和技术变革。

7. 重视知识产权保护

保护创新成果的知识产权是确保技术创新能够转化为经济效益的关键。未来的研发活动中，人们应加强对知识产权的管理和保护。

将这些经验和教训应用到未来的研发活动中，人们不仅可以提高创新成功的概率，还可以确保科技创新更好地服务社会发展和人类福祉。未来的科技创新之路充满挑战，但同时也充满机遇。通过学习和实践，我们可以更好地迎接未来。

9.4.2 科技创新的未来趋势

未来的科技创新将继续以突破性的速度发展，塑造我们的生活和工作方式。探索未来科技创新的方向，不仅是一种预见未来的尝试，也是为了更好地准备和应对即将到来的变革。以下是人们预测的一些新兴技术和潜在研发领域。

1. 人工智能和机器学习

未来，人工智能和机器学习将更加深入地融入各行各业，不仅提高效率和生产力，还可能产生新的业务模式和带来行业变革。特别是在自动化、智能制造、健康诊断等领域，它们的应用将更加广泛。

2. 量子计算

尽管量子计算目前仍处于发展的初期阶段，但其潜力巨大，未来可能彻底改变信息处理、加密安全、药物开发等领域。

3. 生物技术和基因编辑

随着基因编辑技术如 CRISPR 的发展，生物技术将给医疗健康、农业、能源等领域带来革命性的变革。个性化医疗、精准农业和合成生物学等将成为重要的研发方向。

4. 可持续能源和环境技术

应对气候变化和环境挑战的迫切需要，将推动清洁能源技术和环境保护技术的发展。太阳能、风能、生物质能等可再生能源技术以及碳捕获和储存技术将得到快速发展。

5. 物联网（IoT）和智能城市

物联网技术将使得城市和家居环境更加智能化，实现互联互通。智能城市项目将集成多种技术，包括大数据、云计算、人工智能等，以提高城市管理效率和居民生活质量。

6. 数字健康和远程医疗

随着移动互联网和可穿戴设备的发展，数字健康和远程医疗将为人们提供更加便捷、个性化的医疗健康服务，特别是在偏远地区。

7. 虚拟现实（VR）和增强现实（AR）

VR 和 AR 技术将在教育、娱乐、设计、制造等多个领域找到更多的应用场景，提供沉浸式的体验和交互方式。

8. 新材料研发

新材料，如石墨烯、纳米材料等，将在能源、电子、建筑等领域开辟新的应用可能，促进性能提升和效率革新。

未来的科技创新趋势将是多方面并进，跨学科融合的特点更加明显。面对这些变革，持续的研究和开发、灵活的政策制定和积极的社会适应，是实现科技创新成果转化为社会发展动力的关键。

9.4.3 持续创新的重要性

在这个快速变化的世界，持续创新不仅是推动经济增长和社会进步的关键因素，也是个人、组织和国家保持竞争力与适应性的必要条件。以下几点强调了持续创新的重要性。

1. 对个人的重要性

对于个人而言，持续创新意味着不断学习新知识、掌握新技能和探索新领域。这有助于提高个人的职业竞争力和适应未来工作环境的能力。在职业生涯中，创新思维和问题解决能力是实现个人价值和职业发展的重要资本。

2. 对组织的重要性

对于企业和组织而言，持续创新是实现持久成长、开拓市场和提高效率的核心动力。在市场竞争日益激烈的今天，只有不断创新，企业才能开发出新产品和服务，满足消费者不断变化的需求，保持市场地位和盈利能力。

组织内部的创新文化和制度能够激发员工的创造力，促进知识分享，加快决策过程，从而提高组织的整体竞争力和适应变化的能力。

3. 对国家的重要性

对于国家而言，持续创新是推动经济发展、提高国民生活水平和增强国际竞争力的关键。通过在科研和教育领域加大投资，支持高新技术产业，建立有效的知识产权保护机制，国家可以培育出强大的创新生态系统。

持续创新对于解决国家面临的环境、健康、能源等全球性挑战也至关重要。通过科技创新，人们可以提供更加高效、环保的解决方案，促进可持续发展。

4. 适应快速变化的世界

我们生活的世界正经历前所未有的变化，包括技术进步、全球化、环境变化等。持续创新不仅能够帮助个人、组织和国家更好地适应这些变化，也能够在变革中寻找到新的机遇。

持续创新要求个人保持好奇心和学习意愿，要求组织培养创新的环境和机制，要求国家制定支持创新的政策和措施。通过持续创新，我们可以不断前进，克服挑战，创造更加繁荣和可持续的未来。

思考题

1. 科技创新与社会问题

讨论一个具体的社会问题（如气候变化、公共卫生、教育不平等），并提出如何通过科技创新来解决或缓解这一问题。

2. 从案例到实践

选择本章提到的一个科技创新案例（如港珠澳大桥、人工智能在医疗中的应用），分析该案例中的关键成功因素，并探讨如何将这些成功经验应用到其他领域的科技创新项目中。

3. 创新文化的培养

基于本章的讨论，提出几种方法，说明如何在组织（例如学校、企业、政府部门）中培养和促进创新文化。

4. 科技创新的伦理考量

科技创新带来许多利益，但同时也可能引发伦理问题。选择一个科技创新技术（如基因编辑、人脸识别），讨论它可能带来的伦理挑战及应对策略。

5. 未来趋势预测

根据本章对未来科技创新趋势的探索，选择一个你认为未来十年内将会有显著影响的科技领域，解释你的选择理由，并讨论其可能对社会发展产生的影响。

6. 持续创新的挑战

讨论在追求持续创新过程中个人、组织和国家可能面临的挑战，并提出应对这些挑战的策略或建议。

7. 科技创新与可持续发展

探讨科技创新如何促进可持续发展目标（SDGs）的实现。选择一个具体的可持续发展目标，分析当前的科技创新如何或可以如何贡献于该目标的实现。

第 4 部分

为行业作出贡献

第10章 行业需求与创新机遇

10.1 理解行业动态

10.1.1 行业趋势分析

理解各行业的当前趋势和未来发展方向是把握创新机遇和制定有效商业策略的关键。以下是如何进行行业趋势分析的步骤和方法。

1. 市场需求分析

识别和分析消费者需求的变化是理解行业趋势的第一步。通过市场调研、消费者访谈和数据分析等方法,可以发现消费者的新需求和未满足的需求,从而预测市场趋势。

2. 技术进步评估

技术是推动行业发展的重要动力。通过跟踪相关技术的研发进展、了解专利申请和技术应用案例,人们可以评估技术进步对行业的影响,并预测未来的技术发展趋势。

3. 行业政策和法规变化

政策和法规对行业发展有重大影响。分析政府政策、法规变化和行业标准,企业可以及时调整策略,把握行业发展的方向。

4. 竞争格局分析

了解和分析竞争对手的动态、市场份额和竞争策略,有助于企业定位自己在行业中的地位,发现潜在的竞争优势和创新机会。

5. 宏观经济和社会趋势

宏观经济环境和社会趋势对行业发展同样具有深远影响。通过分析经济增长、人口结构变化、环境可持续性等因素,人们可以预测行业的长期发展趋势。

6. 利用大数据和人工智能工具

在行业趋势分析中运用大数据分析和人工智能技术,人们可以有效地处理和分析大量信息,提高分析的准确性和效率。

7. 专家观点和行业报告

参考行业分析师、专家的观点和行业研究报告,人们可以获得深入的市场洞察和专业的行业分析。

通过以上方法,企业和创新者可以全面了解行业的当前状态和未来趋势,识别出行业内的创新机遇和潜在挑战,为制定战略决策和实施创新计划提供坚实的基础。了解行业动态是持续创新和保持竞争力的重要前提,特别是在快速变化的市场环境中。

10.1.2 技术驱动的行业变革

技术进步是推动行业变革和创新机遇产生的关键因素。通过引入新技术,人们可以彻底改变产品和服务的生产方式、交付模式以及消费者的使用体验,从而重塑整个行业的竞争格局。以下是技术进步如何推动行业变革的关键方面。

1. 提高效率和降低成本

新技术的应用可以显著提高生产效率,降低制造和运营成本。例如,自动化和智能制造技术使得生产过程更加高效,降低了人力成本,也减少了错误率。

2. 创造新的产品和服务

技术创新能够带来全新的产品和服务,满足市场上之前未被发现或未被满足的需求。例如,智能手机的出现,不仅改变了通信方式,还催生了移动支付、社交媒体、在线视频等一系列新业务。

3. 改变消费者行为

新技术可以改变消费者的购买和使用习惯,从而推动行业向更加便捷、个性化的方向发展。例如,电子商务和在线购物的普及,使得消费者更偏好在线购物,促进了零售行业的数字化转型。

4. 促进行业融合

技术进步促使原本分离的行业开始融合,创造出跨界的新业务模式。例如,信息技术和汽车行业的融合催生了智能汽车和自动驾驶技术,改变了传统汽车行业的发展路径。

5. 推动可持续发展

环保技术的发展有助于推动行业向更加绿色、可持续的方向转型。例如,清洁能源技术和碳捕捉技术的应用,有助于降低工业生产对环境的影响。

6. 开辟新的市场

技术创新能够创造全新的市场空间,为企业提供增长的新机遇。例如,虚拟现实(VR)和增强现实(AR)技术的发展,为游戏、教育、医疗等多个行业提供了新的产品和服务市场。

技术驱动的行业变革要求企业和组织保持敏锐的市场洞察力与快速的适应能力,积极探索和应用新技术,以把握创新机遇。同时,政府和行业组织也应通过制定有利于技术创新和应用的政策与标准,为技术驱动的行业变革创造有利环境。

10.1.3 案例研究：行业趋势引领的成功创新

把握好行业趋势对于创新有着深远的影响，能够为企业提供方向和灵感。以下是几个由行业趋势驱动的成功创新案例，以及人们从这些案例中提取的关键成功要素。

案例一：电动汽车的兴起

（1）背景：随着人们环境保护意识的增强和传统燃油车污染问题的凸显，电动汽车（EV）成为汽车行业的重要发展趋势。

（2）成功案例：特斯拉通过不断的技术创新，推出了性能优异的电动汽车，在电动汽车市场占据了重要地位，改变了消费者对电动汽车的认知。

（3）关键成功要素：

技术创新：特斯拉在电池技术、电动驱动系统等关键技术上的突破，提高了电动汽车的续航能力和性能。

品牌定位：将电动汽车定位为高端市场产品，结合优秀的设计和性能，成功吸引了目标消费群体。

生态系统构建：建设了完整的充电网络和服务体系，解决了电动汽车使用过程中的便利性问题。

案例二：智能手机革命

（1）背景：21 世纪初，随着移动互联网的发展，智能手机成为连接网络和实现数字生活的关键工具。

（2）成功案例：苹果公司推出的 iPhone 彻底改变了手机行业，其创新的操作系统和应用程序生态，为用户提供了前所未有的体验。

（3）关键成功要素：

用户体验：优秀的设计和直观的用户界面，提供了卓越的用户体验。

应用生态：构建了庞大的应用程序生态系统，满足了用户多样化的需求。

品牌影响力：强大的品牌和营销策略，成功奠定了苹果的市场地位。

案例三：在线教育的兴起

（1）背景：互联网技术的普及和用户需求的多样化，推动了在线教育行业的快速发展。

（2）成功案例：可汗学院（Khan Academy）通过提供免费、高质量的在线教育资源，为全球用户提供了便捷的学习途径，改变了传统教育模式。

（3）关键成功要素：

内容质量：高质量、系统化的教学内容，满足了不同学习者的需求。

易于访问：提供免费教育资源，通过网站和应用程序，确保了教育资源的易于获取。

个性化学习：利用技术实现学习内容的个性化推荐，提高了学习效率。

这些案例显示，紧跟行业趋势并结合技术创新、优秀的用户体验设计、强大的品牌和生态系统构建是成功创新的关键。对行业趋势的敏锐洞察力和快速响应能力，使得企业能够在竞争中脱颖而出，引领行业发展。

10.2 识别创新机遇

10.2.1 机会识别的方法和工具

识别创新机会是企业和创业者在快速变化的市场环境中保持竞争力的关键。以下是一些有效的方法和工具,用于识别和评估潜在的创新机会。

1. 市场研究

(1)目的:通过系统地收集、分析和解释数据来了解市场趋势、消费者需求和竞争环境。

(2)工具:市场调研报告、行业分析、竞争对手分析、SWOT分析(优势、劣势、机会、威胁)等。

(3)应用:使用这些工具,人们可以揭示未被满足的市场需求,发现新的市场细分或识别潜在的增长领域。

2. 用户反馈

(1)目的:直接从用户那里获取关于产品或服务的反馈,理解用户的真实需求和痛点。

(2)工具:调查问卷、用户访谈、焦点小组、社交媒体监听、用户体验测试等。

(3)应用:用户反馈不仅可以帮助企业改进现有产品,还可以揭示新的产品开发或服务创新的机会。

3. 技术监测

(1)目的:跟踪和分析新兴技术的发展趋势和应用案例,评估这些技术对行业和市场的潜在影响。

(2)工具:技术趋势报告、科技新闻和媒体、专利分析、科技展会和论坛等。

(3)应用:随着监测技术发展,企业可以提前把握技术变革的方向,探索基于新技术的创新机会。

4. 设计思维

(1)目的:采用以用户为中心的方法来解决问题和创造新的价值。

(2)工具:同理心地图、人物角色(persona)创建、原型设计、迭代测试等。

(3)应用:设计思维方法促进了企业对用户深层次需求的理解,有助于识别和创造符合用户期待的创新机会。

5. 数据分析和人工智能

(1)目的:利用大数据和人工智能技术挖掘潜在的市场机会与消费者趋势。

(2)工具:数据挖掘、预测分析、消费者行为分析、情感分析等。

(3)应用:通过分析大规模的市场和用户数据,企业可以发现潜在的市场需求和消费者偏好,为创新决策提供数据支持。

通过综合运用这些方法和工具，企业和创业者能够更有效地识别和评估创新机会，制定基于市场需求和技术趋势的创新策略。这不仅有助于推动企业的持续增长，还能够促进行业的整体进步和社会的发展。

10.2.2 评估创新机遇的潜力

评估创新机遇的商业潜力和可行性是决定其是否值得进一步探索和投资的关键步骤。以下是几个重要的评估方面和方法。

1. 市场需求分析

评估创新机遇是否满足或能够创造实际的市场需求。通过市场调研和用户访谈收集数据，人们可以分析目标市场的大小、增长速度和消费者偏好。创新机遇的成功很大程度上依赖于其解决的问题普遍存在且市场对解决方案有足够的需求。

2. 技术可行性分析

评估所提出的创新是否在技术上可行，即是否存在现有技术或可在合理时间内开发出所需技术来实现创新想法，包括技术成熟度、开发成本和可能遇到的技术障碍等因素。

3. 竞争分析

了解市场上现有的解决方案和潜在竞争对手。通过SWOT分析（优势、劣势、机会、威胁）评估创新机遇相对于竞争对手的竞争优势和差异化特点。考察市场进入壁垒和竞争对手的反应策略。

4. 财务预测

对创新机遇的经济效益进行初步估计，包括成本分析、收益预测和投资回报率（ROI）计算。利用财务模型评估项目的盈利潜力和财务风险。

5. 法律和监管环境评估

考虑相关的法律、监管和标准对创新机遇的影响，确保创新项目符合所有适用的法律法规，并评估未来可能的法律风险或合规要求。

6. 资源和能力评估

分析实施创新所需的资源和组织能力，包括人力、财务、技术和管理资源。评估组织是否具备或能够获取实施创新所需的关键资源和能力。

7. 风险和不确定性分析

识别和评估与创新机遇相关的风险和不确定性因素，包括市场风险、技术风险、财务风险和法律风险等。采用风险管理工具，如风险矩阵和敏感性分析，来评估这些风险的影响和应对策略。

通过综合运用这些评估方法，人们可以全面理解创新机遇的商业潜力和可行性，为是否继续投资和开发提供有力的依据。正确的评估不仅可以帮助企业避免对不切实际或风险过高的项目的投资，还可以指导资源的有效分配，确保创新活动能够为组织带来最大的商业价值。

10.2.3 案例分析：从机遇到实际创新

将识别到的创新机遇转化为成功的创新项目，需要清晰的策略、有效的执行和持续的迭代。以下是一个实际案例，展示了这一过程。

案例：Spotify的音乐流媒体服务

（1）机遇识别：在2000年代初，数字音乐市场主要被非法下载所主导，音乐产业面临严重的盗版问题。同时，消费者对于能够即时访问大量音乐库的合法方式的需求日增。Spotify认识到了这一点，看到了通过提供合法、易于使用且价格合理的音乐流媒体服务来填补市场空白的机会。

（2）技术与市场验证：Spotify利用流媒体技术，开发了一个用户友好的平台，允许用户即时访问数百万首歌曲。在正式推出前，Spotify进行了大量的市场测试和用户反馈收集，确保其产品能够满足目标市场的需求。

（3）成功要素提取：满足未被满足的需求：Spotify通过提供合法、方便的音乐流媒体服务，满足了消费者对即时访问音乐的需求。

用户体验：强调简单、直观的用户界面和个性化的音乐推荐，增强了用户体验。

商业模式创新：Spotify采用免费和订阅相结合的商业模式，吸引了大量用户，同时也确保了收入来源。

版权协商：与音乐制作公司的成功合作，确保其拥有丰富的音乐资源，同时也为音乐产业构建了新的收入模式。

技术优势：持续在技术开发上加大投入，保证了服务的稳定性和音乐库的更新速度。

（4）影响：Spotify的成功不仅改变了人们听音乐的方式，也促进了音乐产业的转型，为艺术家和制作公司提供了新的收益来源。

这个案例展示了企业如何通过对市场需求的深入理解、构建创新的商业模式和拥有强大的技术支持，将创新机遇转化为行业内的关键成功要素。Spotify的故事强调了对用户需求的敏锐洞察、不断改进产品和有效的商业战略在企业成功中的重要性。

10.3 深入分析行业需求

10.3.1 用户需求的洞察与分析

深入理解用户需求是创新过程中的关键步骤。它不仅可以帮助企业和创新者识别潜在的市场机会，还能够提供创新的灵感，从而创造出真正满足用户需求的产品和服务。以下是如何深入理解用户需求并将这些需求转化为创新灵感的方法。

1. 用户访谈

直接与用户进行一对一的交谈是深入洞察用户需求的有效方法。通过访谈，人们可以了解用户的使用习惯、痛点以及对产品或服务的期望。

2. 焦点小组

组织一小群目标用户，讨论他们对特定产品或服务的看法。焦点小组可以揭示用户偏好的共性和差异性，为产品设计和功能改进提供指导。

3. 观察研究

通过观察用户在自然环境中与产品或服务的互动，人们可以获得用户行为的真实反馈。这种方法有助于发现用户可能未能明确表达的需求。

4. 用户日志和日记

让用户记录他们日常生活中使用产品或接受服务的经历，获得关于用户需求和体验的第一手资料。

5. 问卷调查

设计调查问卷可以帮助人们收集大量的用户反馈，在数据分析中揭示用户需求的统计特征。

6. 社交媒体分析

利用社交媒体平台上的数据，分析用户讨论和反馈，快速获取用户对产品或服务的看法和需求。

7. 同理心地图

创建同理心地图可以帮助团队更好地理解用户的感受、想法、行为和需求。这是将用户需求转化为创新灵感的强大工具。

8. 用户旅程映射

分析用户与产品或服务互动的全过程，识别用户体验的每个触点，揭示改善用户体验的机会。

将用户需求转化为创新灵感的关键是深入理解用户的真实问题和期望，并以此为基础进行创意思考和解决方案设计。在这个过程中，重要的是保持开放和灵活的思维，鼓励创新团队跳出传统框架，探索满足用户需求的新方法和新途径。通过深入分析用户需求并将其转化为具体的产品特性或创新服务，企业可以开发出真正有价值的创新成果，满足市场的需求。

10.3.2 解决方案的创造性思维

创造性思维是设计满足行业需求的创新解决方案的核心。它涉及跳出常规思维模式，探索新颖的方法和途径来解决问题。以下是如何运用创造性思维来设计创新解决方案的策略。

1. 定义问题

在寻求创新解决方案之前，首先需要准确定义问题。这不仅涉及问题本身的识别，还包括理解问题的根本原因和背景。问题定义的清晰度直接影响创新解决方案的方向和有效性。

2. 多角度思考

尝试从不同的角度和利益相关者的视角来看待问题。这种多元视角的思考可以揭示新的见解和机会，为创新解决方案的设计提供更广泛的思路。

3. 类比和隐喻

通过将问题与完全不同领域的现象或概念进行类比，可以激发新的思维和创意。隐喻和类比有助于突破传统思维的限制，寻找创新的解决路径。

4. 头脑风暴和思维导图

组织头脑风暴会议，鼓励团队成员自由地提出想法，无论这些想法多么大胆或不切实际。同时，使用思维导图工具帮助人们整理和扩展这些想法，发现潜在的解决方案。

5. 逆向思维

逆向思维要求反过来考虑问题，即从预期的解决方案反推可能的问题场景。这种思维方式有助于识别非传统的解决方案，并发现更根本的问题和机会。

6. 原型和迭代

基于初步的想法快速制作原型，通过测试和反馈进行迭代改进。这个过程鼓励试验和探索，允许创意在实践中发展和成熟。

7. 跨领域融合

寻求跨学科或跨领域的融合和合作，可以为解决方案的制定带来全新的视角。不同领域知识和技能的结合往往能够产生突破性的创新。

8. 持续学习和适应

创造性思维不是一次性的活动，而是一个持续的过程。保持对新知识、新技术和市场动态的好奇和学习，可以持续为创新解决方案的设计提供新的灵感和材料。

运用创造性思维来设计创新解决方案需要开放的心态、持续的探索和勇于试验的精神。通过综合运用上述策略，企业和创新者可以有效地开发出真正满足行业和市场需求的创新产品和服务。

10.3.3 案例分析：用户需求驱动

了解用户的需求后，我们一起探索一些由用户需求驱动的创新实践案例。这次我们侧重介绍中国市场上的成功创新故事。

案例一：摩拜单车的共享经济模式

（1）背景：随着城市人口的增长和交通拥堵问题的加剧，中国城市居民对于灵活、便捷的短途出行工具的需求日益增长。

（2）用户需求：用户需要一种无须自行购买和维护就能随时使用的短途出行解决方案。

（3）创新实践：摩拜单车推出了基于智能手机应用的共享单车服务，用户能够通过App找到附近的单车并扫码解锁，极大地提高了城市短途出行的便利性。

（4）成功要素：精确理解和快速响应市场需求，形成创新的共享经济模式，以及强大的物流和运维系统。

案例二：海底捞的智能化餐饮服务

（1）背景：在竞争激烈的餐饮市场中，提升顾客体验和提高运营效率成为餐饮企业的重大挑战。

（2）用户需求：顾客对餐饮体验有更高的期待，包括食品质量、服务速度和个性化服务。

（3）创新实践：海底捞通过引入智能化厨房管理系统和顾客服务系统，比如使用机器人送餐，以及提供预约服务和个性化菜品推荐，显著提升了顾客的就餐体验和餐厅的运营效率。

（4）成功要素：注重顾客体验的企业文化，在餐饮服务中创新应用智能技术，以及持续的服务和技术改进。

案例三：微医的远程医疗服务

（1）背景：中国医疗资源分布不均，尤其是在农村和偏远地区，高质量的医疗服务相对匮乏。

（2）用户需求：迫切需要便捷、高效的医疗咨询和服务，特别是对于那些难以前往医院的人群。

（3）创新实践：微医提供了一个在线医疗平台，连接了全国各地的医生和患者，提供在线咨询、药品配送和远程诊断等服务。

（4）成功要素：有效整合线上线下医疗资源，提供用户友好的平台界面，以及强大的医疗专家网络和合作医院体系。

这些案例不仅展示了满足用户需求的重要性，还彰显了创新思维和技术应用在解决实际问题、提升用户体验方面的巨大潜力。这些公司通过深入理解用户需求，运用创新的商业模式和技术解决方案，成功地解决了行业痛点，成为各自领域的领导者。

10.4 未来趋势与挑战

10.4.1 新兴技术与行业发展

新兴技术正以前所未有的速度和规模重塑行业格局，开辟新的商业模式和市场机遇。以下是人工智能、区块链、物联网等关键新兴技术如何塑造未来行业的探索。

1. 人工智能

（1）行业影响：人工智能正在改变从制造业到服务业等几乎所有行业。它通过提高效率、降低成本、增强用户体验和促进产品创新，为企业带来竞争优势。

（2）应用示例：智能客服和聊天机器人改善了客户服务体验；预测分析帮助零售商优

化库存管理；人工智能辅助诊断提高了医疗准确性和效率。

（3）未来趋势：随着技术的进步，人工智能将更深入地集成到决策过程中，智能自动化将成为新常态，人工智能伦理和透明度也将成为重要议题。

2. 区块链

（1）行业影响：区块链技术以其不可篡改和去中心化的特性，为金融服务、供应链管理和版权保护等领域提供了革命性的解决方案。

（2）应用示例：加密货币和智能合约为金融交易和合同执行提供了新的机制；区块链在供应链中的应用提高了透明度和追溯性。

（3）未来趋势：区块链技术将促进更多去中心化应用的发展，跨链技术、隐私保护和可扩展性将是关键研究和发展方向。

3. 物联网

（1）行业影响：物联网通过将物理世界的对象连接到互联网，为自动化控制、数据收集和分析提供了无限可能，极大地扩展了数字化转型的范围。

（2）应用示例：智能家居设备提高了生活质量和便利性；工业物联网（IIoT）优化了生产流程和设备维护；智慧城市项目提高了城市管理效率。

（3）未来趋势：随着 5G 技术的普及，物联网设备的连接性和响应速度将大幅提升，边缘计算将解决数据处理和隐私保护的问题，促进物联网在更广泛领域的应用。

这些新兴技术正推动着行业的快速变革，为企业提供了前所未有的机遇。然而，随之而来的挑战也不容忽视，包括技术标准化、数据安全与隐私保护、人才缺乏以及伦理和法律问题。企业和政策制定者需要共同努力，不仅要推动技术创新和应用，还要解决这些挑战，确保技术发展的可持续性和普惠性。

10.4.2 应对行业挑战的创新策略

面对行业挑战，企业需要制定有效的创新策略以保持竞争力和实现可持续发展。以下是一些关键的策略和方法。

1. 持续监测和学习

对行业趋势、技术发展和竞争环境进行持续的监测和分析。通过参加行业论坛、阅读相关报告、与行业领袖交流等方式，使人们保持对新知识和新技术的敏锐洞察。

2. 用户中心的创新

将用户需求放在创新的中心。通过用户访谈、市场调研、数据分析等方式，使人们深入了解用户的真实需求和痛点，从用户的角度出发来探索和设计解决方案。

3. 鼓励跨界合作

在不同行业、领域之间寻求合作伙伴，通过跨界合作来引入新的技术、观点和资源。跨界合作可以帮助企业拓宽视野，激发新的创意和解决方案。

4. 灵活的组织结构和文化

建立一个鼓励创新、容忍失败的企业文化，为员工提供试验和创新的空间。灵活的组织结构可以加快企业决策过程，快速响应市场变化。

5. 投资研发和技术引进

对研发进行持续投资，探索和开发新技术、新产品和新服务。同时，积极引进外部先进技术和管理经验，加速技术转化和应用。

6. 构建开放的创新生态系统

通过建立开放平台、孵化器、加速器等，与初创企业、科研机构、高等院校等外部力量合作，共同探索和推动创新项目的发展。

7. 强化数据和数字化能力

利用大数据、人工智能、云计算等数字技术优化业务流程，提高运营效率和决策质量。同时，通过数字化转型，开发新的业务模式和扩大收入来源。

8. 风险管理和合规

在创新过程中，识别和评估潜在风险，制定相应的风险管理策略。同时，确保所有创新活动符合相关法律法规和行业标准。

通过实施这些策略，企业不仅能够有效应对行业挑战，还能够在竞争中脱颖而出，驱动持续的增长和发展。重要的是，企业需要保持灵活和开放的态度，不断调整和优化创新策略以适应持续变化的市场环境。

10.4.3 反思与策略：面向未来的行业创新

在当前快速变化的商业环境中，企业必须不断适应新的发展趋势和市场挑战，以实现持续的创新和增长。以下是面向未来的行业创新思路和策略。

1. 强化可持续性和社会责任

考虑到越来越多的消费者和利益相关者对可持续性和企业社会责任的重视，企业应将这些因素纳入核心战略。通过开发环保产品、优化资源使用效率和促进包容性增长，企业不仅能够满足市场和社会的期待，还能创造新的市场机会。

2. 采用数字化和智能化技术

数字化转型和智能化技术（如人工智能、大数据、物联网等）的应用是推动未来行业创新的关键。企业应探索这些技术在产品研发、生产制造、供应链管理、客户服务等方面的应用，以提高效率、降低成本和创造新的用户价值。

3. 促进用户参与和协作创新

用户参与创新过程可以为企业带来新的灵感和想法。通过建立开放的创新平台、举办创意大赛、合作开发等方式，企业可以与用户、开发者和其他创新者共同探索新的产品和服务。

4. 构建灵活的组织结构和文化

面对快速变化的市场,企业需要具备快速适应和响应的能力。构建灵活的组织结构,培养基于信任和自主的企业文化,鼓励跨部门合作和快速决策,企业可以提高创新速度和效率。

5. 探索新的商业模式和收入来源

随着技术的进步和用户需求的变化,传统的商业模式可能逐渐失效。企业应积极探索基于订阅、共享经济、数据货币化等新的商业模式,以及通过跨界合作拓展收入来源。

6. 重视数据安全和隐私保护

在数字化和网络化日益深入的今天,数据安全和隐私保护成为企业和用户极为关注的问题。企业必须加强对数据的保护,确保合规性,并通过建立透明和负责任的数据处理政策赢得用户的信任。

7. 培养未来技能和创新人才

未来的创新依赖于具备相关技能和创新精神的人才。企业应在员工培训和发展方面加大投资力度,特别是在数字技能、创新思维和跨文化交流等方面。同时,通过校企合作、实习项目等方式,吸引和培养年轻创新人才。

面向未来的行业创新要求企业不仅紧跟技术发展的步伐,还需积极应对社会和环境的挑战,通过持续的学习,实施面向未来的创新战略,拥有创造能力。

思考题

1. 可持续创新的关键因素

考虑到新兴技术的快速发展,讨论企业在持续创新过程中应关注哪些关键因素,以确保其创新活动既有效又可持续。

2. 技术伦理和社会责任

新兴技术如人工智能和物联网的应用给人们带来了许多便利,但同时也引发了伦理和隐私问题。请探讨企业在利用这些技术推动创新时,要如何平衡技术发展和伦理责任之间的关系。

3. 跨界合作的机遇与挑战

分析跨界合作在促进行业创新中的作用,并讨论在合作过程中可能遇到的挑战及如何克服这些挑战。

4. 数字化转型的成功要素

针对一个你熟悉的行业,讨论数字化转型对该行业的影响,并分析成功实施数字化转型的关键要素是什么。

5. 创新策略的制定

面对行业挑战时,企业如何识别和评估潜在的创新机会?请给出一套系统的方法来帮助企业制定有效的创新策略。

6. 用户需求的演变

用户需求在不断变化,企业如何通过持续的市场研究和用户参与,有效地捕捉并响应这些变化,以驱动产品和服务的创新?

7. 新兴技术的战略整合

讨论企业如何将新兴技术(如区块链、人工智能等)整合到其业务战略中,以提升竞争力并创造新的市场机遇。

8. 面对未来挑战的企业准备

基于当前的趋势和挑战,企业应如何做好准备以面对未来的行业变化?考虑到技术、市场和社会的多维度影响,制定一套综合性的准备方案。

第 11 章 创新项目的实施与管理

11.1 项目规划的重要性

11.1.1 项目规划的重要性

项目规划是确保创新项目成功实施的关键环节。它涉及定义项目目标、确定资源需求、制订时间表、评估风险等多个方面。以下是创新项目规划的基本步骤。

1. 定义项目目标和范围

明确项目旨在解决的问题或机会，确定项目的具体目标和预期成果。同时，界定项目范围，包括项目将涵盖和不涵盖的内容，以避免项目蔓延。

2. 进行市场和技术研究

收集和分析相关市场数据、技术趋势和竞争环境，以确保项目规划基于充分的信息和理解。这一步骤有助于验证项目的可行性和市场需求满意度。

3. 制订项目计划和时间表

基于项目目标和研究结果，制订详细的项目执行计划，包括关键活动、里程碑和时间节点。时间表应反映项目的所有关键阶段，从概念验证到产品开发和市场推广。

4. 资源规划

评估并规划所需的资源，包括资金、人力、技术和其他物质资源。确保项目有足够的资源支持是成功的关键。

5. 风险评估和应对策略

识别项目实施过程中可能遇到的风险和挑战，包括技术风险、市场风险、财务风险等。为每个主要风险制定应对策略，准备应急计划。

6. 利益相关者分析和沟通计划

确定项目的利益相关者，包括内部团队成员、合作伙伴、客户、投资者等。制订沟通计划，确保在项目实施过程中与所有利益相关者进行及时有效的沟通。

7. 质量管理计划

设立项目质量标准和评估指标，确保项目成果满足预设的质量要求。包括产品质量、服务质量和过程质量的监控和控制。

遵循这些基本步骤，创新项目的规划将更加系统和全面，有助于提高项目成功的概率，同时减少不确定性和风险。创新项目规划不仅要考虑项目的内部执行细节，还要考虑外部环境因素，以确保项目规划的有效性和实用性。

11.1.2 设定可实现的目标

在创新项目规划过程中，设定既现实又具有挑战性的目标至关重要。这些目标应该清晰、可量化，并且与组织的整体战略和愿景相一致。以下是如何设定可实现的目标的关键要点。

1. 具体和清晰

目标应该是具体和明确的，避免模糊不清。这意味着每个目标都应该清楚地描述所希望达成的具体成果，这样团队成员才能理解期望的结果。

2. 可量化

目标应当是可量化的，即可以通过数字或其他指标来衡量进度和成就。这有助于在项目执行过程中对成果进行监控和评估。

3. 现实性

目标需要基于对资源、时间和技术等限制的准确评估来设定，确保目标在当前的条件和环境下是可实现的。过于乐观的目标可能会导致资源的浪费和团队的挫败感。

4. 具有挑战性

目标应当具有一定的挑战性，以激发团队的创新精神和动力。挑战性的目标可以推动团队超越现状，探索新的解决方案和方法。

5. 时间限制

为目标设定明确的时间框架，即目标应在何时之前达成。时间限制有助于保持项目实施动力，精力更为聚焦，并促使团队成员优先考虑项目活动。

6. 可调整性

在项目执行过程中，可能会遇到预期之外的挑战或机会。因此，目标应该具有一定的灵活性，以便根据项目进展和外部环境的变化进行调整。

7. 与高层战略对齐

确保项目目标与组织的长期战略和愿景保持一致。这有助确保项目得到组织的支持，并且项目成果对组织整体发展有积极贡献。

遵循以上原则来设定目标，创新项目更有可能成功实施，并在组织中创造持久的价值。可实现且具有挑战性的目标是驱动团队向前进步、创新和成长的关键。

11.1.3 案例分析：高效的项目规划

高效的项目规划是确保项目成功的关键。以下案例分析将聚焦一个具体项目的规划细节和实施前的准备工作，展示如何通过周密的规划达到项目目标。

案例：新能源汽车开发项目

一个汽车制造商启动了新能源汽车开发项目，旨在三年内推出一款具有竞争力的电动汽车，以应对日益严格的环保要求和快速的市场需求变化。

（1）定义项目目标和范围：项目的主要目标是设计并生产一款续航里程超过 500 公里、充电时间少于 30 分钟，且价格适中的电动汽车。项目范围包括市场研究、车辆设计、原型制作、测试和市场推广。

（2）市场和技术研究：团队进行了广泛的市场调研，收集目标消费者的需求和偏好。同时，对当前电动汽车技术、电池技术和充电基础设施的发展趋势进行了深入研究。

（3）制订项目计划和时间表：根据研究结果，团队制订了详细的项目执行计划，包括设计阶段、原型制作和测试阶段，以及最终的生产和上市阶段。每个阶段都设定了明确的里程碑和截止日期。

（4）资源规划：项目团队评估了所需的财务资源、技术专家、生产设施和原材料，并制订了相应的资源获取计划。

（5）风险评估和应对策略：识别包括技术难题、供应链中断、市场接受度不足等潜在风险，并为每一风险制定了具体的应对措施。

（6）利益相关者分析和沟通计划：明确了项目的主要利益相关者，包括内部管理层、投资者、供应商和未来的消费者。制订了一套沟通计划，确保项目进展信息的透明和及时分享。

（7）质量管理计划：设立了严格的质量控制标准，确保设计和生产过程符合国际安全与环保标准。

通过这一高效的项目规划，该汽车制造商不仅成功推出了新款电动汽车，还在预算和时间框架内完成了项目，赢得了市场和消费者的认可。这一案例展示了通过细致的规划和准备，项目团队可以有效地管理资源、控制风险，并实现项目目标。

11.2　项目执行与监控

11.2.1　执行创新项目的策略

项目执行阶段是将项目计划转化为实际成果的关键时期。在这一阶段，采用有效的执行策略至关重要，以确保项目目标的实现。以下是一些执行创新项目时常用的策略。

1. 快速原型制作

快速原型制作允许团队通过快速迭代开发过程，即时收集用户反馈并做出相应调整。这种方法特别适用于新产品开发，可以在投入大量资源前验证概念和设计。

2. 敏捷管理

敏捷管理是一种灵活的项目管理方法，强调在整个项目执行过程中的适应性和快速响应变化。通过短周期迭代、跨功能团队合作和持续改进，敏捷管理方法有助于加速产品开发进程，提高项目的成功率。

3. 跨部门协作

促进跨部门的协作和沟通，确保项目团队能够及时获取企业内部的所有资源。这种协作方式有助于打破信息孤岛，促进创新思维的碰撞。

4. 利用关键绩效指标（KPIs）监控进度

设定清晰的关键绩效指标来监控项目进度、成本和质量等关键方面。这些指标可以帮助项目经理及时发现问题并采取措施进行调整。

5. 风险管理

在项目执行过程中持续进行风险评估和管理。通过定期审查项目风险，并根据项目进展更新风险应对策略，企业可以最大限度地减少风险对项目的影响。

6. 用户参与和反馈循环

在项目执行阶段持续地将用户反馈整合到产品开发中。构建有效的反馈循环，能够确保产品满足用户的实际需求和期望。

7. 持续学习和调整

项目团队应保持开放和学习的心态，根据项目实施过程中的学习经验和市场反馈进行调整。这种持续的学习和适应过程对于应对不确定性和实现项目成功至关重要。

采用这些策略，项目团队不仅能够提高创新项目的执行效率和成功率，还能在面对不断变化的市场和技术环境时保持灵活性和适应性。

11.2.2 监控项目进度和性能

监控项目进度和性能是确保项目按计划进行并达成目标的关键。有效的监控可以及时发现偏差和问题，从而采取必要的调整措施。以下是项目进度和性能监控的一些常用方法和工具。

1. 甘特图

甘特图是一种流行的项目管理工具，用于规划和显示项目任务及其时间线。通过甘特图，项目经理可以轻松地监控每项任务的进度，识别可能的延误，并确保项目按计划进行。

（1）关键绩效指标（KPIs）：定义与项目目标相关的关键绩效指标，如里程碑完成率、任务按时完成率、预算使用率等。这些关键绩效指标提供了量化的数据，有助于评估项目的整体表现和进展。

（2）里程碑检查：项目里程碑是完成项目关键阶段的标志。定期检查这些里程碑的完成情况，有助于确保项目按照既定路径实施，并及时调整计划以应对任何偏差。

2. Earned Value Management（EVM）

EVM 是一种综合的项目管理技术，通过比较实际工作完成情况与计划和成本，提供项目性能和对进度进行量化分析。EVM 可以帮助项目经理评估项目当前状态，并预测项目结果。

（1）风险登记册更新：定期更新风险登记册，记录新出现的风险和已识别风险的变化情况。这有助于项目团队及时采取应对措施，减少风险对项目进度和性能的影响。

（2）项目管理软件：使用项目管理软件，如 Trello、Jira、Asana 或 Microsoft Project，可以高效地跟踪项目进度和性能。这些工具提供了实时的数据更新、任务分配、进度跟踪和协作平台，有助于团队成员保持同步。

（3）定期项目会议：定期召开项目进度会议，让团队成员分享进展、讨论挑战和调整计划。这种面对面的沟通有助于提高透明度，增强团队协作，并及时解决问题。

通过综合运用这些方法和工具，项目经理和团队可以有效地监控项目的进度和性能，确保项目目标的实现。重要的是，监控应该是一个持续的过程，以便在项目执行过程中做出快速和灵活的调整。

11.2.3 案例研究：项目执行中的实时调整

在项目执行过程中，人们能够灵活适应变化并进行实时调整是确保项目成功的关键。以下案例展示了项目如何在执行阶段通过适应性调整策略来克服挑战的。

案例：软件开发项目的敏捷转型

一个大型软件开发项目原计划采用传统的瀑布模型进行，该项目目标是为一家银行开发新的在线银行系统。项目启动后不久，团队就面临了多项挑战，包括需求的频繁变化、技术难题以及用户反馈的集成问题。

（1）挑战和调整策略：

• 需求变化：

挑战：项目团队发现，由于银行业务快速变化和市场竞争加剧，项目需求频繁变动。

调整策略：项目经理决定从瀑布模型转向敏捷开发模式，采用 Scrum 框架进行迭代开发。这使得项目团队能够更灵活地适应需求变化，及时调整开发计划。

• 技术难题：

挑战：在开发过程中遇到了预期之外的技术难题，影响了项目的进度。

调整策略：组织专题研讨会和技术研讨会，邀请外部专家参与，共同寻找解决方案。同时，利用敏捷模式下的 Sprint 回顾会议，评估问题、分享学习，并调整后续迭代的重点。

• 用户反馈集成：

挑战：初期版本的用户反馈表明某些功能不符合最终用户的实际使用习惯。

调整策略：引入持续集成和持续部署（CI/CD）流程，快速迭代产品并将用户反馈集成到产品开发中。设置定期的用户测试会议，确保用户的声音被听到并响应。

• 结果：通过这些适应性调整，项目团队不仅成功解决了执行阶段的存在的问题，还提前完成了开发工作，并且新系统得到了用户的广泛认可。敏捷转型使得项目能够更灵活地应对变化,加强了与用户的沟通,提高了产品质量和项目效率。

(2)反思:这个案例强调了在面对不确定性和挑战时项目管理的适应性和灵活性的重要性。通过采取敏捷开发方法,项目团队能够及时调整策略,有效应对需求变化、技术难题和用户反馈,最终确保项目成功。这种适应性不仅适用于软件开发项目,也是其他类型项目管理中需要考虑的一个重要因素。

11.3　团队管理与创造性思维

11.3.1　构建高效团队的策略

在创新项目中,构建一个高效的团队至关重要。团队成员需要能够协作、有效沟通,共同培养创新的文化。以下是一些关键策略,有助于在团队中促进这些价值观的发展。

1. 明确目标和角色

为团队设定清晰、可达成的共同目标,并确保每个团队成员了解他们的角色和责任。这有助于确定团队的方向感,提高团队的凝聚力。

2. 鼓励开放沟通

创建一个开放的沟通环境,鼓励团队成员分享想法、意见和疑虑。定期举行会议和开展团队建设活动,促进成员之间的交流和理解。

3. 培养多样性和包容性

强调团队的多样性和包容性,认识到不同背景、经验和观点可以激发更多的创意和解决方案。积极促进多元文化的理解和尊重,打造一个支持和欣赏差异的工作环境。

4. 促进协作精神

通过团队共同面对挑战合作完成项目,加强成员之间的协作。利用协作工具和技术,如项目管理软件和共享文档,提高团队的协作效率。

5. 提供创新资源和培训

为团队成员提供必要的资源和培训,支持他们的创新活动。这可能包括创新工作坊、外部讲座和参与行业会议的机会。

6. 庆祝创新和成就

积极认可和奖励团队与个人的创新成果,无论大小。这可以通过奖励制度、公开表扬或组织团队庆祝活动来实现,以激励团队成员继续探索和创新。

7. 实施敏捷管理

采用敏捷管理方法,如 Scrum 或 Kanban,以增强团队的灵活性和适应性。敏捷方法鼓励快速迭代、反馈循环和持续改进,有助于团队更有效地应对变化。

8. 培养心理安全

在团队中培养心理安全的文化，让成员感到在表达自己的想法和疑虑时不会受到惩罚或羞辱。心理安全是促进创意分享和创新的关键。

通过实施这些策略，人们可以建立一个高效、协作和创新的团队，不仅能够有效执行项目任务，还能在项目开展过程中产生创新的思路和提供有效的解决方案。

11.3.2 创造性思维的团队应用

在项目管理中，促进团队成员之间的创造性思维和互动是激发创新和解决复杂问题的关键。以下策略和活动可以帮助项目团队提高创造性思维能力。

1. 头脑风暴会议

定期组织头脑风暴会议，鼓励团队成员自由地提出想法，无论这些想法多么非传统或大胆。为了提高效率，人们可以采用特定的头脑风暴技巧，如"六顶思考帽"或逆向思维，以引导和激发创新思维。

2. 创新工作坊

定期举办创新工作坊或培训会议，邀请外部专家或内部领导分享创新方法、工具和案例研究。这些活动不仅能为人们提供新知识和技能，还能激发团队成员的创造力。

3. 设计思维工作坊

利用设计思维方法解决项目中的挑战。设计思维强调用户中心、原型制作和迭代，是促进团队创造性思维发展的有效途径。通过组织设计思维工作坊，团队可以学习如何从用户的角度思考问题并快速提供原型化解决方案。

4. 跨部门混合团队

创建跨部门或跨职能的混合团队，以促进拥有不同背景和专业知识的人员之间的碰撞。这种多元化的团队结构能够给人们带来更宽广的视角和更多元的解决方案。

5. 鼓励失败的文化

建立一种文化，其中失败被视为学习和成长的机会。鼓励团队成员尝试新方法并从失败中学习，有助于消除人们对失败的恐惧，促进更自由的创意探索。

6. 利用数字工具促进协作

使用数字协作工具，如 Slack、Microsoft Teams 或 Miro，来促进团队成员之间的实时沟通和协作。这些工具可以帮助团队成员共享想法、文件和反馈，无论他们身处何地。

7. 定期分享和回顾会议

定期举行项目分享和回顾会议，让团队成员展示他们的工作和创新成果。这不仅是一种知识共享的机会，也是一个认可和激励创新努力的平台。

8. 创意激励机制

设立创意激励机制，如创新奖、创意贡献奖等，以表彰和奖励团队成员的创新贡献。这样的激励措施可以进一步提高团队内成员的创造性思维。

通过实施这些策略和活动，项目团队可以创建一个支持创新、鼓励创造性思维和促进成员间积极互动的环境，从而提高解决问题的能力，推动项目成功。

11.3.3 案例研究：团队协作促进项目成功

一个成功的案例研究来自一家全球技术公司的跨国项目团队，他们负责开发一个创新的云计算平台。该项目面临着紧迫的时间表、高度复杂的技术挑战以及团队成员分布在全球多个地理位置的挑战。

1. 项目背景

项目的目标是在一年内开发并推出一个具有先进安全功能和高度可扩展性的云计算平台，以满足日益增长的市场需求。

2. 团队协作策略

（1）跨文化沟通培训：项目初期，组织为团队成员提供跨文化沟通和协作的培训，以建立共同的理解和尊重不同文化的基础。

（2）分布式敏捷管理：采用分布式敏捷开发模式，利用日常例会、迭代计划和评审会议等敏捷实践，确保团队成员即使分布在不同地点也能有效协作。

（3）冲突解决机制：建立了明确的冲突解决机制和沟通渠道，鼓励团队成员表达不同意见，并通过建设性的对话解决分歧。

（4）技能互补的团队配置：在项目开始时，仔细筛选团队成员，确保团队拥有互补的技能和经验，以应对项目的各种技术和管理挑战。

（5）创新激励措施：实施创新激励措施，鼓励团队成员提出新想法，并为实现这些想法提供必要的资源和支持。

3. 项目成果

通过高效的团队协作和管理，项目在预定时间内成功完成。新的云计算平台得到了市场的广泛认可，为公司赢得了显著的市场份额。

4. 团队成长与创新

项目推进过程中，团队成员在解决复杂的技术问题和跨文化协作中获得了宝贵的经验，个人技能和团队协作能力都有了显著提升。项目成功后，公司将这一团队的协作模式和经验总结作为案例，推广到其他项目团队中，促进了整个组织创新能力和团队文化的发展。

5. 反思

该案例强调了团队协作和有效沟通在项目管理中的重要性，尤其是在面临技术挑战和文化多样性的情况下。通过建立有效的协作机制、提供互补的团队配置、解决冲突和激励创新,团队成员能够克服挑战,实现个人成长,并推动项目目标的实现。

11.4 项目风险管理与应对策略

11.4.1 识别和评估项目风险

项目风险管理是项目管理过程中的一个关键组成部分,它涉及识别、评估和制定应对策略来处理潜在的项目风险。风险管理的第一步是识别和评估项目中可能遇到的所有风险。

1. 风险识别

(1)脑力激荡:召开团队会议和脑力激荡会议,鼓励团队成员分享他们对潜在风险的看法和经验,从而识别出可能影响项目成功的因素。

(2)历史数据分析:分析组织过去类似项目的历史数据和经验教训,识别出过去项目中遇到的问题和挑战。

(3)利益相关者咨询:与项目利益相关者进行交流,了解他们对项目潜在风险的看法,包括客户、供应商、项目赞助人等。

(4)检查表和模板:使用标准化的检查表和风险评估模板系统地识别项目风险。这些工具可以帮助团队不遗漏任何潜在的风险领域。

2. 风险评估

(1)定性评估:通过定性分析来评估每个风险的严重程度和发生可能性,通常使用低、中、高的等级来对风险进行分类。

(2)定量评估:对于关键风险,进行定量分析以评估它对项目目标(如成本、时间和质量)的潜在影响。这可能涉及成本效益分析、概率分析或模拟技术。

(3)优先级排序:根据风险的严重性和发生概率,对所有识别的风险进行优先级排序,确定哪些风险需要优先管理和制定应对策略。

(4)风险登记册:创建风险登记册记录识别的风险、它们的评估结果和优先级,以及后续的监控和应对措施。风险登记册是一个动态文档,在项目执行过程中需要不断更新。

通过系统地识别和评估项目风险,项目团队可以更好地准备和制定有效的风险应对策略,从而降低风险对项目成功的威胁。有效的风险管理不仅可以预防和减轻潜在的负面影响,还能够识别和利用潜在的机会,增加项目成功的可能性。

11.4.2 制订风险应对计划

制订有效的风险应对计划是管理项目风险的核心环节。它涉及制订针对项目中识别的各种潜在风险的具体行动计划。通常,风险应对策略包括避免、减轻、转移和接受风险。以下是这些策略的详细介绍。

1. 避免风险

避免风险意味着通过改变项目计划或策略来消除风险或其影响。这可能包括更改设计、采用不同的技术路径、调整项目目标或排除特定的功能或需求。

例如，如果某项新技术的应用存在较高的不确定性，项目团队可以选择使用更成熟的技术来避免这种风险。

2. 减轻风险

减轻风险指采取措施减少风险发生的可能性或其对项目的影响。这通常涉及增加额外的资源、实施额外的测试或审查过程，或者开发备选方案。

例如，对于项目关键部分的技术风险，提前进行原型测试和评估可以帮助人们降低风险。

3. 转移风险

转移风险涉及将风险或其影响的一部分转嫁给第三方。这通常通过保险、担保或外包合同实现。

例如，项目团队可能通过外包那些技术难度较高或资源需求超出内部能力范围的任务来转移风险。

4. 接受风险

在某些情况下，风险可能既不能避免、减轻，也不适合转移，或者成本过于昂贵，此时项目团队可能选择接受风险。接受风险意味着认识到风险存在，但决定不采取主动行动，而是为可能的影响做好准备。

例如，对于一些小概率事件，团队可能决定接受风险，并为可能的影响制订应急计划。

5. 制订应对计划

选择适当的风险应对策略后，项目团队需要为每个主要风险制订详细的应对计划。这包括指定责任人、资源分配、实施时间表以及如何监控和评估应对措施的效果。

应对计划应该是灵活的，人们能够根据项目进展和外部环境的变化进行调整。项目团队还应定期审查和更新风险管理计划，确保其反映了项目的最新状态和变动情况。

通过制订和实施有效的风险应对计划，项目团队可以更好地管理和控制项目风险，提高项目成功的可能性。

11.4.3 案例研究：有效的风险管理实践

案例背景：中国高铁建设项目

中国高铁项目是一个宏大的交通网络工程，面临着巨大的技术、财务和环境挑战。从最初的规划到最终的实施，项目涉及跨越复杂地质、高密度城市区域建设和高技术标准的要求，是全球最大规模的高速铁路网络之一。

1. 主要挑战和风险

（1）技术风险：高铁建设需要精确的工程技术和先进的轨道铺设技术，尤其是在地质复杂和地震频发的区域。

（2）财务风险：项目需要巨额的资金投入，资金筹集、分配和使用的高效率是项目成功的关键。

（3）环境风险：高铁线路经过多个敏感生态区和人口稠密区，需要充分考虑对环境的影响和社会接受度。

2. 风险管理实践

（1）技术风险的减轻：

采用国际先进的铁路建设技术，结合中国本土实际情况，对技术进行本地化改进，以适应中国复杂多变的地理环境。

组建专家团队进行地质勘探和风险评估，确保设计和施工方案的科学性与安全性。

（2）财务风险的转移和分散：

通过多渠道融资，包括政府投资、银行贷款和私人资本投入，分散财务风险。

实施严格的财务管理和成本控制措施，确保资金的有效利用。

（3）环境风险的评估和应对：

在规划阶段进行环境影响评估，积极采取措施减少对生态系统的破坏，如调整线路走向，建立生态过渡区。

与地方政府和社区合作，进行公众沟通和社会听证，确保项目得到社会支持和有较高的接受度。

3. 项目成功

通过有效的风险管理实践，中国高铁项目成功地克服了技术、财务和环境等一系列挑战，建成了世界上规模最大、技术最先进的高速铁路网络。高铁不仅极大地缩短了城市间的旅行时间，还促进了经济的发展和区域的一体化。

4. 反思

中国高铁项目的成功展示了全面和系统的风险管理对于大型复杂项目获得成功的重要性。通过预先识别、评估和制定风险应对策略，项目团队能够有效应对各种挑战，确保项目按计划进行，最终实现预定目标。这一案例为其他大型基础设施项目提供了宝贵的经验和启示。

思考题

1. 风险识别的重要性

为什么及时识别项目风险是关键？讨论未能及时识别风险可能对项目造成的影响。

2. 风险评估方法

比较定性和定量风险评估的优缺点。在实际项目管理中，如何结合使用这两种方法来评估风险？

3. 风险应对策略的选择

描述一个具体的项目风险场景，提出风险应对策略（避免、减轻、转移或接受）。解释为什么选择这个策略，以及所需达成的预期的效果。

4. 风险转移实践

讨论在项目管理中如何有效地使用合同或保险等手段来转移风险。提供一个实际的案例。

5. 环境和技术风险管理

考虑到环境保护和技术快速发展的现代背景，如何在项目规划和执行过程中管理环境和技术风险？

6. 团队在风险管理中的作用

团队成员在风险管理过程中扮演什么角色？讨论如何通过提高团队成员的风险意识和参与度来增强项目的风险管理能力。

7. 文化因素对风险管理的影响

文化因素（如组织文化、地域文化）如何影响项目风险管理的实践？提供一种方法来克服文化差异带来的挑战。

8. 学习与改进

在项目完成后，如何系统地从风险管理实践中学习并改进未来项目的风险管理策略？

第 12 章 从创新到创造的转化

12.1 理解创新与创造的关系

12.1.1 创新与创造的定义对比

在探讨从创新到创造的转化之前，我们首先需要明确创新和创造的概念差异以及它们之间的相互联系。

1. 创新的定义

创新通常指的是通过引入新的思想、方法或产品，或对现有的思想、方法或产品进行改进，以增加价值或解决问题的过程。创新强调的是实用性和应用，旨在提高效率、效果、竞争力，满足新的或未被满足的需求。创新可以是技术性的，也可以是非技术性的，包括商业模式、管理方式或服务方式的创新。

2. 创造的定义

创造更加侧重于产生新的和原始的想法或概念的能力，它是一种心理过程，涉及想象力和思维的原创性。创造力是推动创新的基础，它启发人们探索未知、挑战常规，生成创新的火花。创造不一定立即导致实际的应用或价值创造，但它为创新提供了源泉和灵感。

3. 相互联系

创新和创造是密切相关且相辅相成的。创造提供了创新所需的新思想和概念，创新则是将这些创意想法转化为实际应用和价值的过程。简而言之，创造是思想和概念的产生，创新是这些想法和概念的实现与应用。

在从创新到创造的转化过程中，关键是如何将创造性的想法有效地转化为能够解决实际问题或满足市场需求的创新成果。这不仅需要创意思维，还需要策略规划、资源整合、团队合作和持续努力。

通过理解创新与创造的关系，人们可以更好地把握它们在推动社会进步和经济发展中的作用。鼓励和培养创造性思维，以及建立有效的机制将这些思维转化为实际的创新成果，是实现从创新到创造转化的关键。

12.1.2 创新思维到创造成果的转化过程

将创新思维转化为具体的创造成果是一个系统的过程，涉及从概念化想法到实现应用的多个步骤。这个过程不仅需要创意和想象力，还需要策略性的规划、有效的资源分配、团队协作和持续努力。以下是创新思维到创造成果转化的关键步骤。

1. 想法产生

一切始于创新思维,即通过观察、学习和思考,对现有知识或问题提出新的见解和想法。这需要开放的心态、好奇心以及对常规的质疑。

2. 问题定义

明确需要解决的问题或改进的领域。良好的问题定义可以帮助团队聚焦核心问题,避免资源浪费。

3. 想法筛选和评估

对产生的想法进行筛选和评估,确定哪些想法最具潜力和实用价值。这一步骤可以采用群体讨论、专家评审或市场调研等方法。

4. 原型开发

选定的想法进入原型开发阶段,通过构建模型或样品来测试和验证想法的可行性。原型开发有助于团队发现潜在问题并进行迭代改进。

5. 迭代测试

基于反馈对原型进行不断的测试和改进,直到满足预定的标准或目标。这个过程可能需要多次迭代,每一次都在逐步接近最终的创造成果。

6. 实施和推广

将经过验证的解决方案转化为实际的产品、服务或系统,并制订推广计划以确保其在目标市场或领域的应用和认可。

7. 监测和优化

即使在创造成果推出后,人们也需要持续监测其性能和市场反应,根据需要进行优化和调整,以保持其竞争力和相关性。

在整个转化过程中,关键是建立一个支持创新的环境,鼓励风险承担,同时也要有良好的项目管理和团队协作,确保资源的有效使用和想法的顺利实现。此外,对外部变化保持敏感,人们能够迅速适应市场和技术的变化。这也是确保创造成果成功的重要因素。

12.2　创造性思维在项目实施中的应用

12.2.1　促进创造性思维发展的策略

在项目管理和实施过程中,创造性思维是解决问题、克服挑战、优化流程和创新产品的关键。以下是一些有效的策略,旨在项目实施过程中激发和应用创造性思维。

1. 组建多元化团队

组建跨学科和多背景的项目团队,以促进不同视角和经验的交流。多样性可以激发人们形成新的想法和提出的创新解决方案。

2. 提出开放式问题

采用开放式问题激励团队成员思考，而不是寻找单一的、标准化的答案。这鼓励人们深入分析和探索多种可能性。

3. 鼓励风险承担和容错

创建一个包容的环境，让团队成员感到在尝试新想法和方法时不必担心失败，认识到失败是创新过程的一部分，从中学习和成长。

4. 定期举行创意工作坊和实施头脑风暴

定期安排时间进行创意工作坊和头脑风暴会议，鼓励团队成员自由地提出和讨论新想法。使用创意促进技巧，如逆向思维、SCAMPER 或"六顶思考帽"，以激发创造性思维。

5. 提供时间和资源支持创意实验

为团队成员提供必要的资源和时间来探索和检验他们的创新想法。即使这些想法最终可能不会实现，过程本身也有助于人们创造性思维的培养。

6. 实施敏捷管理和迭代开发

采用敏捷管理方法和迭代开发流程，快速响应变化，并持续集成反馈来优化项目。这种灵活性鼓励创新并允许更快地测试和改进想法。

7. 庆祝创意和创新成果

明确认可和奖励那些提出并实施新想法的团队成员。无论成功与否，人们都应庆祝拥有创新尝试的勇气和努力。

8. 持续学习和知识分享

鼓励团队成员参与相关培训和研讨会，以及内部的知识分享活动。持续学习新技能和方法可以不断地为创造性思维注入新的活力。

通过实施这些策略，项目管理者可以创建一个促进创新的环境，激发团队成员的创造性思维，并将这些想法转化为项目成功的实际成果。

12.2.2 跨领域创新的创造性解决方案

跨领域创新，即通过整合不同学科或行业领域的知识、技术和方法，开发出新颖且有效的创造性解决方案。这是当今许多突破性创新的关键。这种创新不仅能解决复杂问题，还能开辟新的市场和应用领域。以下是实现跨领域创新的关键策略。

1. 打破知识壁垒

鼓励团队成员学习和探索其他领域的知识与技术，通过研讨会、交叉培训和专业会议等方式，增加团队对外部领域的了解和兴趣。

2. 促进跨领域合作

建立与其他学科或行业的合作关系，如通过合作项目、联合研究或行业联盟。这种合作可以提供新的视角和资源，促进知识的交流和整合。

3. 组建多学科团队

组建由拥有不同背景（如工程师、设计师、市场专家和社会科学家）的成员组成的多学科团队。这样的团队能够从多角度审视问题，共同开发涵盖全面的解决方案。

4. 鼓励创意思维和实验

在团队中营造一种文化，鼓励创意思维和勇于实验。支持团队成员尝试将来自不同领域的概念和技术相结合，即使这些尝试可能不会立即成功。

5. 利用技术融合

探索如何将现有技术和新兴技术（如人工智能、大数据、物联网等）融合应用到传统行业中。技术融合可以产生意想不到的效果，助力人们制订出有效的解决方案。

6. 建立开放创新平台

通过开放创新平台，人们可以邀请外部专家、学者、企业和公众参与创新过程。这种开放的协作模式可以吸引跨领域的知识和创意，促进创新解决方案的形成。

7. 案例研究和模式识别

研究跨领域创新的成功案例，理解其背后的模式和原则。通过案例分析，团队可以学习如何有效地结合不同领域的知识和技术推进项目的有序开展。

8. 灵活的项目管理

采用灵活和适应性强的项目管理方法，如敏捷开发，以适应跨领域创新项目的不确定性和复杂性。这有助于快速迭代和调整项目方向。

通过实施这些策略，项目团队可以更好地整合来自不同领域的知识和技术，开发出具有创造性和创新性的解决方案，从而解决现有问题并开拓新的应用领域。跨领域创新要求开放的思维、协作的态度和持续的学习精神，这对于推动科技进步和社会发展至关重要。

12.2.3 案例研究：创造性思维驱动的项目成功

案例一：共享单车的创新模式

共享单车是近年来中国城市交通领域的一项创新。它彻底改变了城市的短途出行方式，解决了"最后一公里"的交通问题，为城市居民提供了便利、环保的出行选择。

（1）创造性思维的应用：共享单车项目通过整合移动互联网、大数据、物联网等技术，创造了一个无桩自行车共享系统。用户可以通过手机应用找到附近的一辆共享单车，扫码解锁后骑行，骑行结束后在任意合法区域停放，极为方便。

（2）项目成功：共享单车极大地促进了绿色出行，减少了城市交通拥堵，同时也带动了相关技术和服务的创新，展示了创造性思维在解决实际社会问题中的巨大潜力。

案例二：智能语音助手的跨界融合

智能语音助手如小米的小爱同学、华为的小艺，是人工智能技术在消费电子产品中的创新应用,通过自然语言处理技术与消费者进行交互,提供信息查询、智能家居控制等服务。

(1)创造性思维的应用:这些项目通过融合语音识别、自然语言处理、机器学习等人工智能技术,创造了全新的用户交互模式。它们跨界整合了智能家居、在线购物、生活服务等多个领域,为用户提供更加便捷的智能生活体验。

(2)项目成功:智能语音助手的成功不仅提升了人机交互的自然性和便捷性,也推动了智能家居、物联网等技术的应用和发展,展现了跨技术领域融合的创新潜力。

案例三:碳中和技术的创新开发

面对全球气候变化的挑战,中国企业积极投入碳中和技术的研发中,开发了一系列旨在减少温室气体排放和能效提高的创新技术。

(1)创造性思维的应用:从碳捕捉利用和储存(CCUS)技术到绿色建筑材料的开发,再到新能源汽车的推广,这些项目通过跨学科的技术创新,寻找解决环境问题的新方法。

(2)项目成功:这些碳中和技术的成功开发和应用,不仅有助于中国乃至全球的环境保护和气候变化应对,也促进了新能源、新材料等领域的技术进步和产业升级,证明了创造性思维在应对全球性挑战中的重要作用。

这些案例展示了创造性思维如何驱动项目从概念到成功实施的转化,无论是在技术创新、商业模式探索还是社会责任实践中,创造性思维都发挥了重要作用,推动了行业进步和社会发展。

12.3 创造在科技、社会和文化中的应用

12.3.1 科技领域的创造性成果

科技创新是推动行业变革和社会进步的关键力量。通过应用创造性思维,科技领域不断产生突破性成果。这些成果不仅改变了人们的生活方式,也对社会结构和文化产生了深远影响。以下分析展示了科技创新如何带来行业变革和社会进步。

1. 信息和通信技术

互联网、移动通信和社交媒体的发展彻底改变了人们获取信息、交流沟通的方式,促进了全球化进程。这些技术的创新提高了信息传播的效率,促进了知识的共享,加速了社会和文化的交流。

2. 人工智能与大数据

人工智能和大数据技术的应用正在重塑各行各业,从医疗健康、金融服务到智能制造和城市管理。人工智能技术通过优化决策过程、提高生产效率和提供个性化服务,带来了新的行业变革,同时也对就业结构、隐私保护等社会问题提出了挑战。

3. 生物技术和基因编辑

生物技术和基因编辑技术如CRISPR-Cas9为治疗遗传疾病、提高农作物产量和应对食品安全问题提供了新的解决方案。这些技术的创新不仅有望解决长期困扰人类的健康和饮

食问题，也引发了关于伦理、生物安全和技术公平性的社会讨论。

4. 清洁能源和可持续技术

面对全球气候变化的挑战，清洁能源技术如太阳能、风能和电动汽车的发展，展现了科技创新在促进可持续发展方面的潜力。这些技术的推广和应用有助于减少温室气体排放，保护环境，同时也带动了新能源产业的发展。

5. 数字化转型

数字化转型正在改变传统产业的运营模式和价值链，如电子商务、数字媒体和在线教育等领域的兴起。这些变革不仅提高了效率和便利性，也促进了创造性产业的发展，为文化多样性和创意表达提供了新的平台。

科技创新的每一步都是对现有知识和技术的重新想象与创造性应用。通过解决实际问题和满足社会需求，科技领域的创造性成果不仅推动了经济增长和行业升级，也促进了社会的整体福祉和文化的繁荣发展。未来，科技创新将继续在应对全球性挑战、提升人类生活质量和促进社会公平正义方面发挥重要作用。

12.3.2 创造对社会文化的影响

创造性成果在科技创新之外，对社会文化也产生了深远的影响。它们不仅改变了人们的生活方式，还重新定义了社会的价值观、行为习惯和文化表达形式。以下是一些对创造性成果如何影响和塑造社会文化的讨论。

1. 改变沟通方式

创新技术如社交媒体和即时通信工具改变了人们的沟通方式和社交习惯，促进了全球化的交流和文化的多样性表达。它们为人们提供了新的自我表达和文化身份建构的方式，同时也引发了对隐私、信息安全和网络欺凌等社会问题的关注。

2. 促进信息自由和知识共享

互联网和数字化技术的发展，极大地促进了信息的自由流通和知识的共享。开源运动和在线教育平台等创造性成果使得学习资源更加开放和平等，推动了终身学习和教育公平。

3. 重塑娱乐和休闲方式

数字媒体、视频游戏和虚拟现实技术等创造性成果，为人们提供了全新的娱乐和休闲方式，丰富了文化生活和审美体验。它们也促进了新的艺术形式和文化产业的发展，如电子竞技、网络文学和数字艺术。

4. 推动社会变革和意识觉醒

创造性的社会运动和数字平台使得个体和群体能够更有效地组织和传播社会变革的理念，如环保运动、性别平等和民权运动等。这些创造性成果提高了公众的意识，促进了法律和社会规范的进步。

5. 塑造消费文化和生活方式

创新的产品和服务,如智能家居、可穿戴设备和在线购物等,不仅改变了消费习惯,也影响了人们的生活方式和价值观。这些创造性成果反映了社会对便捷性、个性化和可持续性的追求。

6. 影响工作和经济模式

自动化、人工智能和远程工作技术等创造性成果,正在重塑工作模式和经济结构。它们为人们提供了新的就业机会和创业路径,同时也引起了社会对技能培训、劳动市场适应性和收入分配公正性的讨论。

创造性成果通过促进技术进步和文化创新,不断塑造和重塑社会文化的面貌。它们既带来了前所未有的机遇,也提出了新的挑战。在享受创新带来的便利和乐趣的同时,社会也需要关注和解决这些成果可能带来的伦理和社会问题,以确保可持续和包容的发展。

12.3.3　案例分析:跨界创新的社会文化意义

跨界创新指的是在不同领域之间进行的创新活动,它通常涉及将一个领域的思想、技术或方法应用到另一个领域,从而产生新的价值和影响。以下案例探索了跨界创新在社会文化中的应用和影响。

案例一:3D 打印技术在医疗领域的应用

3D 打印技术最初主要用于工业设计和制造领域,其后逐渐扩展到医疗、建筑、艺术等多个领域。在医疗领域,3D 打印技术被用来制造定制的假肢、牙齿甚至人体组织。

社会文化影响:3D 打印在医疗领域的应用极大地提高了患者的生活质量,尤其是对于那些需要定制解决方案的患者。它还推动了人们对医疗个性化和精准化的探索,改变了人们对健康和治疗的认知与期待。

案例二:人工智能在艺术创作中的使用

人工智能技术的发展为艺术创作带来了新的可能性。艺术家和程序员合作,利用人工智能生成算法创作音乐、绘画和文学作品,探索人机合作的艺术创新。

社会文化影响:人工智能在艺术创作中的应用引发了人们对创作权、艺术本质和技术角色的广泛讨论。它挑战了传统的艺术创作观念,促进了艺术与科技之间的对话,同时也探索了人类创造力的新边界。

案例三:可穿戴技术在健康管理中的应用

可穿戴技术,如智能手表和健康监测设备,将传感器和数据分析技术整合到日常穿戴的设备中,使个人能够实时监控自己的健康状况。

社会文化影响:这种技术的普及促进了人们健康意识和主动进行健康管理意识的提高,改变了人们对健康、隐私和技术依赖的看法。它还推动了医疗保健从传统的疾病治疗模式向预防和个性化管理的转变。

这些跨界创新案例表明,将不同领域的知识和技术相结合,不仅能够产生具有实际应用价值的创新成果,还能深刻影响和塑造社会文化,推动社会进步和文化多样性的发展。

通过这些创新活动,社会对于科技的认知和应用被不断扩展与深化,促进了人们对于美好生活方式的探索和实现。

12.4 创造性成果的评估与影响

12.4.1 评估创造性成果的方法

评估创造性成果的效果、影响和价值是一个复杂的过程,因为它不仅涉及技术或经济指标,还包括社会文化、环境和伦理等多维度的考量。以下是评估创造性成果的几种方法。

1. 技术和功能评估

从技术角度评估创造性成果的创新程度、技术成熟度及其功能实现的有效性。这可以通过专利分析、技术对比和实验验证等方法进行。

2. 市场和经济评估

分析创造性成果的市场潜力、商业模式的可行性以及经济效益。这通常涉及市场调研、用户反馈、成本收益分析和竞争分析。

3. 社会文化影响评估

评估创造性成果对社会文化的影响,包括其对社会行为、文化价值和生活方式的改变。这可以通过社会调查、文化研究和公众讨论等方式进行。

4. 环境影响评估

考虑创造性成果对环境的影响,包括资源消耗、能效和可持续性。环境影响评估(EIA)和生命周期评估(LCA)是常用的评估工具。

5. 伦理和道德评估

探讨创造性成果可能引发的伦理和道德问题,如隐私保护、数据安全和技术公平性。伦理委员会审查和伦理研讨会是进行此类评估的方式。

6. 用户体验和满意度评估

通过用户体验测试、满意度调查和反馈收集,评估创造性成果在实际应用中的表现和用户接受程度。

7. 长期影响评估

考虑创造性成果在长期内可能产生的影响,包括技术演进、社会适应性和文化融合等。这需要持续的监测和分析。

评估创造性成果的方法应根据成果性质和应用领域进行选择与调整。有效评估不仅可以帮助人们理解创造性成果的价值和影响,还可以为未来的创新活动提供指导和启示。在评估过程中,采用多学科和多角度的评估框架是十分重要的,以确保全方位考虑创造性成果的各种影响和价值。

12.4.2 成功的商业化案例分析

成功的商业化案例往往涉及将创新的想法或技术转化为市场上成功的产品或服务。以下是几个成功商业化创造性成果的案例，以及提取的成功因素。

案例一：华为智能手机

华为智能手机通过高端品牌定位和技术创新，在全球市场上取得了显著成功，成为中国品牌的国际象征。

成功因素：

（1）持续的技术创新：华为在手机摄像、芯片设计和5G技术上持续创新，确保了产品的竞争力。

（2）全球化战略：通过在全球范围内建立研发中心和营销网络，华为成功打入了包括欧洲、亚洲和非洲在内的多个市场。

（3）品牌建设：强大的品牌推广和用户口碑建设，提高了华为手机在国际市场上的知名度和影响力。

案例二：腾讯的微信

微信是腾讯公司开发的一款社交通信应用，已成为中国乃至全球流行的社交平台之一，影响了数亿用户的沟通方式、商业交易乃至生活习惯。

成功因素：

（1）产品创新：微信不仅提供即时通信服务，还整合了支付、社交、游戏等多种功能，成为一个全方位的生态系统。

（2）用户体验为先：不断优化用户体验，提供流畅、便捷的服务。

（3）开放平台策略：通过为第三方开发者提供接口，微信吸引了大量的服务和应用入驻，丰富了平台的功能和内容。

案例三：中国国家电网的智能电网项目

中国国家电网公司是世界上最大的公用事业企业之一，其智能电网项目旨在通过技术创新提高电网的使用效率和可靠性，支持清洁能源的大规模接入。

成功因素：

（1）前瞻性的技术投资：大量投资于电网自动化、信息化和互联网技术，推动了电网管理的现代化。

（2）支持可持续发展：智能电网项目支持可再生能源的广泛使用，促进了中国能源结构的优化和环境保护。

（3）政策和标准制定：在智能电网技术和标准制定方面发挥了引领作用，推动了行业的整体进步。

这些案例展现了中国企业在不同领域通过创新思维和战略执行成功实现商业化的能力。无论是在消费电子、社交媒体还是能源管理等领域，这些成功案例都凸显了深入理解市场需求、持续技术创新和实施有效品牌战略的重要性。

12.4.3 社会创新实例的影响评估

社会创新指的是针对社会需求和问题，通过新的方法、理念或模式进行的创新活动，旨在提升社会福祉、解决社会问题，并促进可持续发展。以下是一些社会创新项目的实施效果和对社会的贡献分析。

案例一：共享图书馆

（1）项目简介：共享图书馆项目旨在通过社区共享资源的方式，提供免费的图书借阅服务，鼓励阅读和学习，促进知识的传播和文化的交流。

（2）实施效果：

①提高了社区居民的阅读率，尤其是在儿童和青少年中。

②增强了社区的凝聚力，通过共享资源促进了邻里之间的互动和交流。

③提升了公民的文化素养和终身学习的意识。

（3）社会贡献：

①为资源有限的地区提供了免费学习和自我提升的机会，缩小了教育资源的差距。

②促进了可持续发展，通过图书共享减少了资源的浪费。

案例二：社区支持农业（CSA）

（1）项目简介：社区支持农业（CSA）是一种连接消费者和农民的农业模式，消费者通过预购季节性农产品，支持本地农业和可持续农业实践。

（2）实施效果：

为消费者提供了新鲜、健康的农产品，增强了对可持续农业的认识。

增加了农民收入的稳定性，减少了市场波动的风险。

促进了本地经济的发展和农田的可持续利用。

（3）社会贡献：

加强了食品安全和食品主权，减少了食物的碳足迹。

促进了消费者和生产者之间的直接联系，增强了农业生产过程的透明度。

案例三：数字普惠金融服务

（1）项目简介：旨在通过移动支付和互联网金融服务，为偏远地区和低收入人群提供便捷的金融服务，包括储蓄、贷款和保险等。

（2）实施效果：

提高了偏远地区和低收入群体的金融服务可及性。

通过提供小额贷款和保险产品，支持了小微企业和农户的发展。

促进了金融知识的普及和金融习惯的培养。

（3）社会贡献：

促进了经济的包容性增长，减少了贫困和不平等。

通过金融技术创新，推动了金融行业的变革和发展。

这些社会创新项目展示了创新不仅局限于技术或商业模式的革新，还包括解决社会问题和提升公共福祉的新方法。通过这些项目的实施，人们可以看到社会创新在促进社会进步、增强社区凝聚力和提高生活质量方面发挥的重要作用。

思考题

1. 创新与创造的区别和联系

描述创新和创造在概念上的主要区别。你如何看待二者之间的联系？请给出实际例子来支持你的观点。

2. 跨界创新的社会文化意义

选择一个跨界创新的案例（不限于本章提及），分析它是如何影响和塑造社会文化的，跨界创新在促进社会进步方面发挥了什么作用。

3. 评估创造性成果的多维度方法

讨论评估创造性成果时，为什么需要考虑技术、经济、社会文化、环境和伦理等多个维度？请提供一个具体的创造性成果，说明如何综合这些维度进行评估。

4. 成功的商业化案例分析

选择一个成功的商业化创造性成果，分析其成功的关键因素。这些因素中，哪些是其他创新项目可以借鉴的？

5. 社会创新实例的影响评估

选择一个社会创新项目，分析它对社会的具体贡献和可能的长期影响。这个项目是如何应对社会挑战的？

6. 创造性成果对未来的预期

思考一个尚未广泛商业化或社会化应用的创造性成果，预测它对未来社会和文化可能产生的影响。你认为哪些因素会影响其成功实施？

7. 创新与创造的伦理考量

讨论在从创新到创造的转化过程中，需要关注哪些伦理和道德问题。提供一个相关的例子，并说明如何应对这些问题。

第 5 部分

创造性思维与社会影响

第 13 章　创造性思维在解决社会问题中的应用

13.1　创造性思维的社会应用概述

13.1.1　创造性思维在社会创新中的角色

创造性思维在社会创新和解决社会问题中扮演着至关重要的角色。社会创新指的是针对社会需求和挑战，通过新的策略、概念、想法或组织模式，来增进社会福祉和创造社会价值的过程。以下是创造性思维在此过程中发挥作用的几个关键方面。

1. 发现和界定问题

创造性思维首先帮助人们以新的视角识别和界定社会问题，挖掘问题的根源和潜在的影响。通过创造性地思考问题，人们可以发现传统方法未能注意到的问题领域，或者重新理解现有问题。

2. 探索解决方案的多样性

面对复杂的社会问题，创造性思维鼓励探索多种可能的解决方案，而不是仅限于传统或显而易见的方法。这种探索包括跨学科合作、利用新技术或提供全新的解决策略。

3. 促进跨界合作

社会创新往往需要与不同领域和背景的人员合作。创造性思维促使人们跳出自己的专业领域，与其他领域的专家、公民社会、政府和私营部门合作，共同寻找解决方案。

4. 实现可持续性变革

创造性思维促进了人们对社会创新项目可持续性的深入思考，确保所提出的解决方案不仅能解决当前问题，也能长期贡献于社会福祉，如环境保护、经济效益和社会公正。

5. 应对不确定性和复杂性

社会问题往往具有高度的不确定性和复杂性。创造性思维提供了一种灵活和开放的思考方式，帮助人们适应和应对不断变化的社会环境与挑战。

6. 鼓励公众参与和意识提升

通过创造性的沟通和参与策略，社会创新项目可以激励更广泛的公众参与解决社会问题的过程中，提升公众对这些问题的认识和理解。

创造性思维在社会创新中的应用表明，面对社会挑战，我们需要的不仅仅是新的技术或策略，更需要一种能够激发想象力、促进合作并驱动变革的思维方式。通过将创造性思维应用于社会创新中，我们能够更有效地解决社会问题，创造一个更加包容、可持续和公正的未来。

13.1.2 方法和工具

运用创造性思维的方法和工具来识别与分析社会问题，人们可以更有效地解决问题。以下是一些关键方法和工具。

1. 设计思维

设计思维是一个以人为本、迭代和多学科团队协作的过程，用于识别人们的需求和提供创新解决方案。它通常包括同理心（理解用户需求）、定义（问题界定）、思考（创意解决方案）、原型（构建解决方案原型）和测试（测试并迭代改进）等阶段。

2. 系统思维

系统思维是一种识别和分析系统内部相互作用及其对问题和解决方案影响的方法。通过系统思维，人们可以识别社会问题的根本原因，以及潜在的干预点，从而设计出系统性的解决方案。

3. 头脑风暴

头脑风暴是一种群体创意技巧，旨在生成大量想法并激发创新解决方案。在头脑风暴过程中，所有的想法都被欢迎，目的是鼓励开放和自由的思考，从而发现新的解决方案。

4. 情境分析

情境分析是通过构建未来可能发生的不同情境来探索和评估解决方案的有效性。它有助于考虑未来的不同趋势和变量，为制定可行性强的策略提供支持。

5. 原型制作

原型制作是将想法转化为实际模型或初步版本的过程，以便测试其可行性和有效性。通过构建和测试原型，人们可以快速学习和迭代，有效地改进解决方案。

6. 故事讲述

故事讲述是一种强大的沟通工具，可以用来表达复杂的社会问题和潜在的解决方案。通过讲故事，人们可以更好地与听众建立情感联系，激发他们对问题的关注和解决过程参与。

7. 协作软件和平台

协作软件和在线平台的使用，可以促进团队成员之间的沟通和协作，以共同探索和开发创新解决方案。

8. 影响力地图

影响力地图是一种战略规划工具，用于清晰地描绘出目标、行动者、行动和影响之间的关系。它有助于确保解决方案与最终目标一致，并识别实现这些目标的关键干预点。

通过运用这些方法和工具，团队可以更系统、更具创造性地识别和解决社会问题，促进社会创新项目的成功实施和可持续发展。

13.2 解决复杂社会问题的创造性案例

13.2.1 案例分析：成功的社会创新项目

社会创新项目通过创造性思维和新颖的解决方案，成功应对了各种社会挑战。以下是几个展示了这种创新精神的案例。

案例一：易碎品包装回收计划

（1）项目背景：面对日益严重的塑料污染问题，该项目旨在解决电商行业中易碎品包装材料的大量浪费和环境污染。

（2）挑战：如何减少包装材料的使用，同时保证商品在运输过程中的安全。

（3）创新解决方案：开发了一种可回收、生物降解的包装材料，并建立了一个包装回收系统，鼓励消费者通过便捷的方式回收包装。

（4）成果：显著减少了塑料使用量，提高了资源循环利用率，并得到了消费者和企业的广泛支持。

案例二：移动医疗服务

（1）项目背景：针对偏远地区医疗资源匮乏的问题，该项目通过移动医疗服务，提供基础医疗检查和健康咨询。

（2）挑战：如何在交通不便和资源有限的地区提供可靠的医疗服务。

（3）创新解决方案：利用移动医疗车辆和远程医疗技术，将医生和健康专家的服务直接送到需要的社区。

（4）成果：改善了偏远地区居民的健康水平，提升了他们对基本医疗服务的访问能力。

案例三：城市食物森林计划

（1）项目背景：为了应对城市食品安全和可持续性问题，该项目在城市空闲土地上建立"食物森林"，种植可食用植物。

（2）挑战：城市土地稀缺且成本高昂，如何有效利用有限的空间提供新鲜食材。

（3）创新解决方案：通过社区合作和志愿者参与，将废弃地块转化为生产食物的绿色空间，同时提供城市农耕教育。

（4）成果：不仅提供了新鲜的本地食物，增强了城市的食品安全和环境可持续性，还促进了社区凝聚力和居民环保意识的提高。

这些案例展示了创造性思维如何促进社会创新，通过新方法和策略成功解决了复杂的社会问题。它们不仅改善了人们的生活质量，还对环境保护、健康提升和社区发展产生了积极影响。这些项目的成功归功于跨学科合作、社区参与和对可持续发展的承诺。

13.2.2 关键成功因素

从上述社会创新项目案例研究中,我们可以提取几个关键的成功因素。这些因素对于实现有效的社会创新至关重要。

1. 跨领域合作

成功的社会创新项目往往涉及多个领域的知识和技能。跨领域合作,如公私合作伙伴关系(PPP)和多学科团队的建立,能够整合不同的视角和专长,促进创新解决方案的开发。

2. 用户参与

将目标群体或受益者纳入创新过程,从需求调研到解决方案的设计和测试阶段,都极其重要。用户参与确保解决方案能够真正满足用户的需求,增强项目的接受度和影响力。

3. 持续迭代

面对复杂的社会问题,解决方案往往需要不断迭代和优化。采用灵活的开发策略,如敏捷方法,允许项目在实践中学习和调整,是实现长期成功的关键。

4. 本地化和可持续性

解决方案需要考虑到本地的文化、经济和环境条件,确保其可持续性和长期效果。本地化的方法更容易获得社区的支持,并能够有效地利用本地资源。

5. 政策支持和资金保障

成功的社会创新往往需要相应的政策环境和资金支持。政府的政策倡导、资金投入和监管框架能够为社会创新提供必要的支持和保障。

6. 公众意识和教育

提升公众对社会问题的意识和理解,以及对创新解决方案的认识,对于推动社会创新的广泛接受和实施至关重要。教育和公众宣传活动能够增强社会创新项目的影响力。

7. 技术利用和创新

利用新技术或创新的技术应用,可以提高解决方案的效率和效果。技术创新,包括数字技术、生物技术和环境技术等,为解决社会问题提供了新的途径。

8. 数据驱动的决策

收集和分析相关数据,以指导项目决策和评估项目效果。数据驱动的方法可以增强项目的透明度和可度量性,确保项目目标的实现。

通过理解和应用这些关键成功因素,社会创新项目能够更有效地解决社会问题,产生可持续的社会影响。这些因素不仅适用于上述案例,也为广泛的社会创新实践提供了宝贵的参考和指导。

13.3 创新与创造在社会企业和非营利组织中的应用

13.3.1 社会企业的创新模式

社会企业通过结合商业策略和社会目标来解决社会问题，它们在创新模式和创造性思维的应用中展现出独特的特点。以下是社会企业如何通过创新模式和创造性思维来解决社会问题的几个方面。

1. 双重任务导向

社会企业的核心在于其具有的双重任务：追求社会影响和财务可持续性。这要求企业不仅有创新的商业模式，还需要通过其产品、服务或运营方式直接解决社会问题。

2. 利益相关者参与

社会企业在设计解决方案时，通常会深度联结利益相关者，尤其是受益群体。通过包容性的设计过程，社会企业能够更准确地理解问题并开发出真正满足需求的创新解决方案。

3. 灵活的商业模式

社会企业往往采用灵活的商业模式，能够迅速适应市场和社会变化。这些模式可能包括跨部门合作、收入共享计划、社会影响投资和众筹等。

4. 技术和数据的创新应用

许多社会企业通过创新技术和数据分析来提高其服务的效率和效果，如使用移动技术提供教育内容，或利用大数据分析来优化资源分配。

5. 可持续性和环境创新

面对环境挑战，社会企业通过推广可持续生产、消费模式和环境友好的产品或服务来实现其社会目标，如循环经济模式、绿色技术和生态农业实践。

6. 社会影响测量

社会企业通过建立有效的社会影响评估体系，来测量和展示其创造的社会价值。这有助于吸引投资者、合作伙伴和客户，同时不断优化其模式以增强社会影响力。

7. 社区和文化创新

社会企业通过倡导社区参与和文化多样性，推动社会包容和文化创新。它们通过教育、艺术和社区发展项目，强化社区身份和社会凝聚力。

通过这些创新模式和创造性思维，社会企业不仅解决了复杂的社会问题，还提供了可持续发展的新路径，对经济、社会和环境产生了深远的正面影响。社会企业的实践表明，商业成功与社会进步可以并行不悖，为传统企业和非营利组织提供了新的发展模式和启示。

13.3.2 非营利组织的创造性策略

非营利组织（NPOs）在追求社会福祉和解决社会问题的过程中，面临资源限制和高度复杂的挑战。创造性思维在这些组织中的运用，能够帮助它们发现新的解决方案，促进项目的成功和增强社会影响力。以下是非营利组织运用创造性策略的几个关键方面。

1. 创新筹资模式

面对传统捐赠和资金筹集方式的局限，非营利组织通过创新筹资模式，如社会影响债券、众筹和社会企业模式，来增强资源的多样性和可持续性。

2. 合作伙伴关系与网络构建

创造性地构建和利用合作网络，包括与政府、企业、其他非营利组织和社区合作，扩大影响力，共享资源，增强项目的实施能力。

3. 技术的创新应用

非营利组织通过利用新技术（如移动应用、数据分析和社交媒体）来提高服务效率，增加与受众的互动，以及提升项目的可视性和透明度。

4. 参与式发展与社区动员

运用创造性思维促进社区成员的积极参与和动员，通过工作坊、讨论会和社区艺术项目等形式，使社区成为解决方案的共同提供者。

5. 项目设计和实施的灵活性

在项目设计和实施阶段，运用创造性思维应对不确定性，通过快速原型、迭代测试和适应性管理，灵活调整策略以应对变化。

6. 故事讲述和影响传播

创造性地利用故事讲述和视觉传达策略，向公众、捐赠者和政策制定者有效地传播其使命和社会影响，获得更广泛的支持和参与。

7. 多元化服务和解决方案

在提供服务和解决方案时考虑多样性和包容性，创造性地满足不同群体和社区的特定需求，以实现更广泛和深远的社会影响。

8. 评估与学习文化

建立一种以评估为基础的学习文化，创造性地使用反馈和数据来指导决策，持续改进项目策略，增强项目的有效性和影响力。

通过运用这些创造性策略，非营利组织不仅能够提升自身的创新能力和增加项目成功率，还能够在社会变革中发挥更加积极和有效的作用。这些策略的实施有助于非营利组织更好地应对复杂的社会挑战，实现其社会使命。

13.3.3 案例研究：社会企业和非营利组织的创新实践

社会企业和非营利组织通过创新实践能够有效地解决社会问题。以下是几个展示了它们如何实现社会使命和目标的典型案例。

案例一：垃圾银行——印度尼西亚

（1）项目背景：印度尼西亚的"垃圾银行"项目旨在解决城市固体废物管理问题。该项目允许居民将可回收垃圾存入"银行"，换取金钱或生活用品。

（2）创新实践：

参与式模式：通过让社区居民直接参与废物回收过程，提高了社区居民的环保意识和参与度。

激励机制：提供物质激励，如生活用品、教育基金或健康保险，鼓励居民积极回收废物。

教育和培训：组织环保教育活动和废物分类培训，丰富社区居民的环保知识，提升他们的环保技能。

（3）社会影响：

显著减少了社区的废物量，改善了当地环境卫生条件。

提高了社区居民的生活质量，通过废物回收为贫困家庭提供了额外的收入来源。

案例二：VisionSpring——提供负担得起的眼镜

（1）项目背景：VisionSpring 是一家社会企业，致力于通过提供人们负担得起的眼镜，解决低收入国家和地区人群的视力问题。

（2）创新实践：

移动视力筛查：组织移动医疗团队，前往偏远地区提供免费的视力检查和眼镜。

成本效益的产品：设计和制造低成本、高质量的眼镜，使低收入人群可负担。

合作伙伴网络：与当地非营利组织、学校和医疗机构合作，扩大服务的覆盖范围和影响力。

（3）社会影响：

改善了数百万人的视力，提高了他们的生活质量和工作效率。

通过提升视力，对教育和经济发展产生了积极影响。

案例三：Dialogue in the Dark——体验黑暗的展览

（1）项目背景：Dialogue in the Dark 是一种创新的展览体验，旨在通过在完全黑暗的环境中参观，提高公众对视障人士的理解和同情。

（2）创新实践：

沉浸式体验：参观者在黑暗中依赖非视觉感官进行参观，由视障人士担任导览员。

教育和对话：展览结束后，组织讨论会，促进视障和非视障人士之间的对话和理解。

就业机会：为视障人士提供就业机会，改变公众对视障人士能力受限的刻板印象。

（3）社会影响：

增强了公众对视障社群挑战的认识，促进了社会包容性。

为视障人士提供了有意义的工作，提高了他们的社会参与度和自信。

这些案例展示了社会企业和非营利组织如何通过创新实践解决社会问题。它们不仅提供了直接的社会福利，也推动了社会意识的提升和文化的变革。

13.4 推动社会变革的创造性思维

13.4.1 创造性思维对社会变革的贡献

创造性思维在推动社会变革中发挥着至关重要的作用。它不仅帮助我们识别和解决现有的社会问题,还能揭示新的变革机会和路径。以下是创造性思维对社会变革做出贡献的几个方面。

1. 揭示隐藏的问题和需求

创造性思维鼓励人们从不同角度和更深层次审视社会现象,帮助揭示被忽视或未被充分认识的社会问题和群体需求。这是发现新变革机会的第一步。

2. 跨界融合创新

通过将不同领域的知识、技术和方法结合起来,创造性思维促进了跨界融合创新。这种跨界融合有助于开发出全新的解决方案,应对复杂的社会挑战。

3. 挑战现状和传统思维

创造性思维质疑和挑战现状,推动人们超越传统思维和习惯的限制,探索更加公正、可持续和包容的社会变革路径。

4. 促进社会实验和快速迭代

通过鼓励社会实验和快速原型测试,创造性思维支持在小规模上尝试新的想法和模式。这种方法允许快速学习和迭代,找到最有效的变革策略。

5. 增强社会参与和共创

创造性思维倡导开放和包容的创新过程,鼓励不同利益相关者的参与和共创,扩大了社会变革的基础,提高了公众的接受度。

6. 推动政策创新和制度变革

通过提供新的视角和解决方案,创造性思维可以激发政策创新和制度变革,支持更高效、公平的社会治理模式的发展。

7. 激发社会想象力和未来愿景

创造性思维激发社会想象力,帮助人们构建和追求更加理想的社会未来愿景。通过展望不同的未来可能性,它为社会变革提供了方向和动力。

通过这些贡献,创造性思维成为推动社会进步和变革的关键力量。它不仅解决了当前的社会问题,还开辟了通往更加公正、可持续和人本社会的新路径。在不断变化的世界中,创造性思维的价值和重要性日益凸显,成为社会发展不可或缺的驱动力。

13.4.2 面临的挑战与克服策略

在运用创造性思维推动社会变革的过程中,人们可能会遇到多种挑战。以下是一些常见的挑战及其有效的克服策略。

挑战一:阻力与保守主义

克服策略:增强沟通和教育。组织广泛沟通和教育活动,提升公众和利益相关者对变革价值的认识与理解,以减少阻力和误解。

挑战二:资源限制

克服策略:创新筹资方式和实现资源共享。探索多元化的筹资渠道,如众筹、合作伙伴关系和政府资助。同时,构建网络和合作伙伴关系,实现资源共享和优化利用。

挑战三:缺乏跨领域合作

克服策略:建立多方协作平台。构建开放的协作网络和平台,促进不同领域和行业之间的交流与合作,共同探索创新解决方案。

挑战四:实施和规模化的难题

克服策略:采用灵活的实验和快速迭代方法。在小规模上进行社会实验,快速测试和优化创新解决方案,然后根据实验结果逐步扩大规模。

挑战五:测量和证明社会影响

克服策略:发展有效的评估工具和指标。建立科学的评估体系,通过定性和定量的方法来测量和证明项目的社会影响,以提升项目的透明度和可信度。

挑战六:持续性和可持续发展

克服策略:强调长期规划和可持续性设计。在项目设计初期就考虑可持续性因素,确保解决方案能够长期运行并产生持续的社会影响。

挑战七:适应性和灵活性不足

克服策略:培养学习和适应性文化。鼓励团队和组织保持开放与适应性思维,对外部变化保持敏感,及时调整策略和方法。

通过这些策略的应用,社会企业和非营利组织可以更有效地利用创造性思维来克服推动社会变革过程中的挑战,实现其社会使命和目标,为社会带来深远的正面影响。

13.4.3 反思与展望

在当前的社会环境中,创造性思维在解决社会问题中的作用愈发显著,成为推动社会进步的关键力量。基于当前的趋势和案例分析,以下对未来创造性思维在社会问题解决中的角色进行反思和展望。

1. 反思:创造性思维的当前价值

创造性思维已经证明它在识别和解决复杂社会问题中的独特价值,尤其是在应对全球性挑战、促进可持续发展、推动社会包容性以及激发经济创新等方面。

跨领域合作和多学科方法的成功案例强调了创造性思维在促进知识和技能融合中的重要性，为解决传统方法难以应对的问题提供了新途径。

社会企业和非营利组织通过创造性策略实现社会使命，展示了创新不仅限于科技或商业领域，同样适用于社会服务和公共政策。

2. 展望：未来的方向和挑战

（1）技术和数字化的融合：随着技术的快速发展，特别是人工智能、大数据和区块链等技术的应用，创造性思维将在数字化解决方案和智能化社会服务中发挥更大作用。

（2）全球性挑战的协作：面对气候变化、全球健康危机和经济不平等的全球性挑战，创造性思维将促进国际协作和全球行动，寻找共同的解决方案。

（3）公民参与和社会动员：创造性思维将更多地激发公民参与和社会动员，通过教育、媒体和社交平台，增强社会问题解决的民主性和包容性。

（4）持续性和适应性挑战：未来的社会创新需要在确保解决方案的持续性和适应性方面投入更多思考，以应对快速变化的环境和不断演化的社会需求。

未来，创造性思维将继续在解决社会问题中扮演关键角色，不仅因为它能够促进创新和变革，更因为它能够引导我们构建更加公正、可持续和包容的社会。为了实现这一愿景，需要各方面——包括政府、企业、非营利组织、学术界和公众共同努力，培养和应用创造性思维，共同面对未来的挑战和机遇。

思考题

1. 跨领域合作的重要性

为什么跨领域合作对于运用创造性思维解决社会问题如此重要？请举例说明跨领域合作是如何促进社会创新的。

2. 创造性策略的应用

思考一个你熟悉的非营利组织或社会企业，它是如何运用创造性策略来提高项目的成功率和社会影响力。请分析其创造性策略的具体应用和效果。

3. 挑战与克服策略

在推动社会变革的过程中，创造性思维可能面临哪些挑战？选择一个挑战，并提出一个或多个创造性的克服策略。

4. 技术在社会创新中的作用

考虑当前或未来的技术，它如何能够支持创造性思维解决社会问题。请提出一个具体的技术应用案例，并说明其潜在的社会影响。

5. 反思和展望

基于当前社会创新的趋势和案例,你如何看待创造性思维在未来解决社会问题中扮演的角色?它面临的最大挑战和最有希望的机遇是什么?

6. 个人参与

个人如何通过创造性思维作用于社会问题的解决?请至少给出两种方法,思考个人可以如何参与社会创新和变革活动。

第14章 创新创造在中国科技和工业转型中的作用

14.1 创新创造与中国科技转型

14.1.1 中国科技转型的现状与挑战

中国在全球科技竞争中的地位正在迅速提升。这得益于中国在科技研发和创新方面的巨大投入以及政策的有力支持。中国科技转型的目标是从"世界工厂"的角色转变为全球创新中心,推动经济结构向高科技和高附加值产业转型。这一转型在许多领域已经取得显著成就,尤其是在5G通信、人工智能、电动汽车和可再生能源技术等方面。

1. 现状

(1)科技投入增加:中国政府和民营部门在科研与开发(R&D)方面的投资持续增加,为科技创新提供了强大动力。

(2)科技产出提升:中国在国际科技论文发表数量、专利申请数量等指标上均显示出强劲增长,体现了科研实力的提升。

(3)创新生态系统发展:众多高科技园区、创新孵化器和加速器的建立,为创新创业提供了良好环境。

2. 挑战

(1)创新质量与效率:虽然科技产出数量庞大,但在原始创新、高影响力科技成果方面仍有提升空间。

(2)国际合作与竞争压力:面对全球科技竞争加剧和国际科技合作模式变化,中国需要在知识产权保护、促进开放合作等方面做出努力。

(3)科技与产业深度融合:如何更有效地将科技创新转化为实际产业能力,推动经济高质量发展,是一个重要挑战。

3. 机遇

(1)新兴技术引领:中国有机会在人工智能、大数据、云计算等新兴技术领域实现跨越式发展。

(2)国内市场优势:庞大的市场规模和丰富的数据资源为科技产品的测试和迭代提供了独特优势。

（3）政策支持与国际合作：政府的政策支持和国际合作的扩展为中国科技创新提供了良好的外部环境。

中国的科技转型是一个复杂的过程，涉及技术创新、产业升级、教育培养和国际合作等多个方面。面对挑战，中国需要持续推动创新创造，提高科技创新的质量和效率，加强国际合作，构建开放包容的创新生态系统，以实现科技与经济的深度融合，推动社会进步和可持续发展。

14.1.2 创新创造在科技转型中的关键角色

创新创造是推动中国科技产业升级和转型的核心动力，特别是在人工智能、5G通信、新能源技术等前沿领域，其作用更是不可忽视。以下重点分析创新创造如何在这些领域内发挥关键作用。

1. 人工智能

（1）技术突破与应用创新：通过算法和计算能力的持续进步，中国在语音识别、图像处理、自然语言处理等人工智能核心技术上取得了显著成就。创新创造不仅体现在技术突破上，更体现为人工智能技术在医疗健康、城市管理、金融服务等领域的广泛应用和服务模式创新上。

（2）产业生态构建：创新创造推动了完整人工智能产业链的形成，包括芯片设计、软件开发、平台服务等，促进了产业生态的繁荣和全球竞争力的提升。

2. 5G通信

（1）网络建设与国际合作：中国在5G网络建设和标准制定方面走在世界前列，通过创新合作模式，如国际5G合作项目，推动了5G技术的全球部署和应用。

（2）垂直行业融合：创新创造在5G应用上实现了跨越，特别是在工业互联网、远程医疗、智能交通等领域，推动了垂直行业的数字化、网络化和智能化转型。

3. 新能源技术

（1）技术革新与能效提升：在太阳能、风能、电动汽车及其配套电池技术等新能源领域，创新创造不断提升能源转换效率和降低成本，推动了新能源的广泛应用和产业规模化。

（2）绿色发展与可持续战略：通过创新创造，中国正加速构建绿色、低碳的能源体系，促进经济的绿色转型和可持续发展战略的实施。

在推动科技产业升级和转型的过程中，创新创造发挥了以下关键作用。

（1）提高核心竞争力：通过技术创新和模式创新，提升中国科技产业的核心竞争力，为中国在全球科技竞争中赢得了有利地位。

（2）促进产业结构优化：创新创造推动了传统产业的技术改造和产业升级，加快了新兴产业的成长和成熟，优化了国家产业结构。

（3）激发经济增长新动能：科技创新与创造活动为经济增长注入了新动能，特别是在提高生产效率、创造新的消费需求和就业机会方面发挥了重要作用。

创新创造在中国科技转型和产业升级中发挥了至关重要的作用，不仅推动了技术进步和应用创新，还促进了经济结构的优化和可持续发展。未来，继续深化创新创造将是推动中国科技产业实现更高质量发展的关键。

14.2 创新创造与中国工业升级

14.2.1 工业升级背景与需求

中国的工业升级是在全球化和国内经济转型的大背景下进行的。随着中国经济进入新常态，传统的劳动密集型和资源密集型增长模式已难以为继，迫切需要通过技术创新和产业结构优化来实现经济的高质量发展。在此过程中，创新创造扮演了核心角色，是推动工业升级和产业转型的关键动力。

1. 工业升级的背景

（1）经济增长方式转变：从依赖投资和出口驱动转向以消费和创新为主导的增长方式。

（2）全球竞争环境变化：面对国际产业转移和全球价值链重组，中国需要提升产业的全球竞争力。

（3）科技进步和数字化浪潮：信息技术、人工智能、大数据等技术的迅猛发展，为工业升级提供了新的机遇。

2. 创新创造的作用

（1）推动技术进步和应用：通过创新研发，不断提升关键核心技术的自主创新能力，加快新技术在工业领域的应用，如智能制造、工业互联网等。

（2）促进产业结构优化：创新创造能够推动资源从低效产业向高技术、高附加值产业转移，促进产业链向中高端升级，提升产业的整体竞争力和可持续发展能力。

（3）激发新产业和新业态发展：通过开拓新的市场和需求，形成新产业和新业态，如新能源汽车、生物医药、绿色环保等领域。

（4）提升制造业智能化水平：创新创造推动了制造业从"制造"向"智造"转变，通过数字化、网络化、智能化改造，提高生产效率和产品质量，实现个性化定制和灵活生产。

创新创造对中国工业升级具有深远的影响。它不仅能够提升中国制造业的技术水平和产业链价值，还能够推动经济结构的优化升级和新旧动能的转换，为中国经济的高质量发展奠定坚实的基础。

14.2.2 创新实践与工业转型案例

工业创新是推动中国经济高质量发展的关键驱动力。以下是成功的工业创新案例，特别是在智能制造和绿色制造领域，及其对经济和社会产生的深远影响。

案例一：智能制造——海尔 COSMOPlat

（1）背景：海尔 COSMOPlat 是世界领先的工业互联网平台，代表了中国在智能制造领域的创新实践。

（2）创新实践：

用户中心的智能制造：COSMOPlat 实现了从生产导向到用户导向的转变，通过大数据分析用户需求,实现个性化定制。

全产业链协同:平台整合了设计、生产、物流等环节,通过互联网使各方高效协同,提高了生产效率和灵活性。

开放共享的生态系统:构建了开放的工业互联网生态系统,吸引众多企业参与,共同推动行业升级。

(3)经济和社会影响:

推动制造业转型:COSMOPlat 的成功应用推动了中国制造业向智能、服务化、绿色发展转型。

增强竞争力:提升了中国企业在全球市场中的竞争力,特别是在定制化和智能化产品方面。

促进就业和技能提升:智能制造的推广需要高技能人才,促进了就业结构的优化和劳动力技能的提升。

案例二:绿色制造——宁德时代新能源科技

(1)背景:宁德时代是全球领先的新能源科技公司,专注于电动汽车用锂电池的研发和制造,是绿色制造的代表。

(2)创新实践:

高效能源利用:公司在电池材料、设计和制造工艺上进行创新,提高了能量密度和循环寿命,降低了能耗。

循环经济模式:推动电池回收和再利用,实现了资源的循环使用,减少了环境污染。

智能化生产线:应用自动化技术和信息技术,构建智能化生产线,提高生产效率和加强质量控制。

(3)经济和社会影响:

促进新能源汽车产业发展:为新能源汽车提供高性能电池,推动了新能源汽车产业的快速发展。

利于环境保护:通过绿色制造实践,减少了环境的负担,促进了可持续发展。

引领全球新能源趋势:宁德时代的成功不仅提高了中国在全球新能源领域的影响力,也推动了全球能源结构的变化。

这些案例展示了创新实践如何推动中国工业转型。智能制造和绿色制造不仅优化了产业结构,提升了企业竞争力,还对促进经济可持续发展和社会福祉产生了积极影响。通过这些创新实践,中国正在向一个更加智能、绿色、可持续的工业未来迈进。

14.3 大学生在科技创新与工业创造中的作用

14.3.1 大学生创新创业的现状与机遇

在中国科技创新和工业创造的浪潮中,大学生群体展现出巨大的潜力和独特的创新能力。作为新一代的创新主力军,大学生在推动科技进步和产业转型中扮演着越来越重要的角色。

1. 现状

（1）政策扶持：近年来，中国政府推出了一系列政策，鼓励和支持大学生创新创业，包括提供创业启动资金、税收减免、创业培训和辅导等。

（2）高校支持：中国的高等教育机构也积极响应，建立创新创业教育课程，设立孵化器和创业园区，为大学生提供实验室、资金和技术支持。

（3）创新氛围日益浓厚：大学生创新创业活动日益活跃，涌现出一大批以技术创新为核心的项目和企业，尤其在互联网、大数据、人工智能等领域。

2. 机遇

（1）科技前沿的接触与探索：高校环境为大学生提供了接触前沿科技和研究成果的机会，激发了他们的创新灵感和研发潜能。

（2）跨学科学习与合作：大学生可以开展跨学科学习和合作，汇聚不同领域的知识和技能，促进创新思维的形成和综合解决方案的产生。

（3）市场需求与社会责任：面对国家经济社会发展的需求和全球性挑战，大学生可以通过科技创新和工业创造实现自身价值，同时贡献社会。

（4）国际视野与合作机会：随着国际交流与合作的加深，大学生有机会与国际同行合作，获取全球资源和市场，提升自身国际竞争力。

3. 挑战与应对

尽管大学生创新创业面临着资金、经验、市场等方面的挑战，但政策支持、教育体系改革、社会实践平台建设等措施，可以有效促进大学生提高创新创业能力，激发创造潜能，为中国科技创新和工业创造注入新的活力和动力。未来，大学生将在中国乃至全球的科技创新和工业转型中发挥更加重要的作用。

14.3.2 大学生创业成功案例分析

大学生创业成功的故事不仅激励着年青一代，也为人们创新创业提供了宝贵的经验和启示。以下是几个中国大学生创业成功的案例，以及从这些案例中提取的经验和启示。

1. 周源（知乎 CEO）

（1）案例简介：周源，东南大学计算机科学专业硕士毕业。在创立知乎之前，周源有过一次不算成功的创业经历。2010 年，周源创立了知乎，一个知识分享的问答社区。

（2）创新实践：社区构建：知乎的成功在于它独特的社区构建方式，通过一问一答的形式，促进了高质量内容的产生。

高质量标准：坚持提供高质量、高标准的内容，通过社区管理和算法推荐确保用户获取有价值的信息。

（3）经验和启示：

持之以恒的努力：即使面临创业失败，也不放弃，从失败中吸取教训，为下一次成功打下基础。

专注用户需求：专注于解决用户的实际需求，提供独特的产品和服务，是创业成功的关键。

2. 庄辰超（去哪儿网 CEO）

（1）案例简介：庄辰超，北京大学电子工程专业本科毕业。大学时期就开始创业，有了多次创业和工作经历后，2005年创办了去哪儿网，成为互联网旅游业的佼佼者。

（2）创新实践：

搜索引擎模式：将搜索引擎模式应用于旅游领域，为用户提供便捷的旅游信息搜索服务。

数据驱动：利用大数据技术优化用户体验，提供个性化推荐。

（3）经验和启示：

不断尝试和迭代：早期的创业尝试虽然没有成功，但积累了宝贵的经验，为后来的成功打下基础。

技术创新：利用技术创新解决行业痛点问题，提高服务效率和优化用户体验。

3. 杨勃（豆瓣 CEO）

（1）案例简介：杨勃，清华大学物理专业毕业，后赴美国攻读博士学位。2005年，杨勃创建了豆瓣网，成为Web 2.0时代的标杆。

（2）创新实践：

兴趣社区：通过构建以兴趣为中心的社区，促进了用户之间的深度交流和信息分享。

用户参与：鼓励用户参与内容创作和评价，形成了良好的社区生态。

（3）经验和启示：

追随兴趣和热情：即使专业背景不是计算机科学，也可以通过追随自己的兴趣和热情，在互联网领域取得成功。

社区文化建设：构建有特色的社区文化，增强用户黏性，是长期发展的关键。

这些大学生创业成功案例表明，坚持不懈、专注用户需求、技术创新和建设良好的社区文化是创业成功的重要因素。对于想要创业的大学生而言，这些案例提供了宝贵的经验和启示，鼓励他们勇于尝试，不断学习，追求创新。

思考题

1. 创新创造的意义

讨论创新创造在科技和工业领域的重要性。为什么创新创造对于中国的科技转型和工业升级至关重要？

2. 技术进步与产业转型

选择一个你感兴趣的领域（如人工智能、5G通信或新能源技术），分析创新创造如何促进该领域的技术进步和产业转型。

3. 大学生的角色

基于周源（知乎 CEO）、庄辰超（去哪儿网 CEO）和杨勃（豆瓣 CEO）的案例，讨论大学生在科技创新和工业创造中可以发挥哪些作用。他们面临哪些挑战，又应如何克服这些挑战？

4. 从失败中学习

周源在成功创立知乎之前有过一次不成功的创业经历，讨论失败对于创业者的重要性，以及如何从失败中吸取教训并将其转化为成功的动力。

5. 创新生态系统

创新创造不是孤立发生的，它需要一个提供支持的生态系统。探讨政府、高校和企业如何共同构建一个有利于创新创造的生态系统。

6. 社会与文化影响

创新创造在科技和工业领域的成功不仅推动了经济发展，也对社会和文化产生了影响。讨论创新创造在社会和文化层面带来的变化。

7. 未来展望

鉴于当前的科技发展趋势和产业方向，预测未来几年内中国科技和工业领域可能出现的重要创新创造成果。

第15章 创新创造在推动中国可持续发展中的应用

15.1 创新创造与可持续发展目标

15.1.1 可持续发展在中国的重要性

可持续发展对中国社会经济发展具有至关重要的意义。随着中国经济的快速增长，环境保护、资源节约和社会责任成为国家面临的重大挑战。可持续发展不仅关乎环境保护，还涉及经济增长方式的转变和社会公平正义的实现，是中国实现长期繁荣稳定的基石。

1. 经济影响

（1）转变增长模式：可持续发展要求中国经济从高速增长转向高质量增长，注重提升经济增长的质量和效益，减少对资源和环境的依赖。

（2）产业升级：推动传统产业通过技术创新和管理改进提高资源利用率和环保水平，同时加快新兴绿色产业的发展。

2. 社会影响

（1）改善生活质量：通过减少环境污染和促进绿色生活方式，提高公众的生活质量和健康水平。

（2）促进社会公正：可持续发展强调在满足当代人需求的同时不损害后代人满足自己需求的能力，促进资源和福利在当前和未来世代之间的公平分配。

3. 环境影响

（1）环境保护：通过实施绿色发展战略和加强环境治理，保护和恢复生态系统，维护生物多样性。

（2）应对气候变化：积极参与全球气候治理，通过减少温室气体排放和提高能源效率，为全球应对气候变化做出贡献。

4. 创新创造的作用

（1）技术创新：技术创新是推动可持续发展的关键，包括开发新能源、提高能效、减少污染物排放的技术等。

（2）制度创新：通过制度创新，如环境税收、绿色信贷、碳交易等，激励企业和公众参与可持续发展实践。

（3）社会创新：包括公众参与环境保护、社区可持续发展项目等，增强社会对可持续发展的认识和行动。

在推动可持续发展的过程中，中国需要综合运用创新创造的力量，通过技术进步、制度优化和社会参与，实现经济、社会和环境的和谐发展，为建设"美丽中国"和构建人类命运共同体贡献力量。

15.1.2 创新创造在实现可持续发展中的作用

创新创造在帮助中国实现联合国可持续发展目标（SDGs）方面扮演着至关重要的角色，特别是在环保、绿色能源和社会包容性等领域，通过推动技术进步、改善管理方式和激发社会参与，为可持续发展的实现提供强有力的支撑。

1. 环保

（1）技术创新：环境保护技术，如废水处理、废气净化、固废资源化等，有效降低了工业生产和日常生活对环境造成的负担。例如，通过创新的纳米材料和生物技术，人们能更高效地去除污染物，提高水体和大气质量。

（2）管理创新：加强环境管理体系和环境信息化建设，提高环境管理的效率和透明度。例如，利用大数据和云计算技术监控环境质量，实现污染源的精准定位和快速响应。

2. 绿色能源

（1）能源技术创新：新能源技术的发展，如太阳能光伏、风能、生物质能等，为中国提供了清洁、低碳的能源替代方案。提高这些技术的转换效率，有利于降低企业能源支出成本，促进绿色能源的广泛应用。

（2）能效提升：在传统能源领域，创新能效提升技术和方法也是关键。例如高效锅炉、节能照明和智能电网等，大大提高了能源使用效率，减少了能源消耗和碳排放。

3. 社会包容性

（1）社会创新：创新社会工作模式和公益项目，如"互联网+"公益、社会企业等，促进了社会包容性，帮助弱势群体获得更多的发展机会和社会服务。

（2）教育创新：利用在线教育、远程教育等信息技术，打破地域和经济的限制，提供平等的教育资源，促进教育公平，实现知识的普及，让人人享有受教育的机会。

（3）数字普惠：通过金融科技创新，如移动支付、微型贷款等，提高金融服务的覆盖面和便捷性，特别是对农村和偏远地区的居民，促进了金融的普惠性。

创新创造在实现可持续发展目标方面发挥着关键作用。技术创新为环保和绿色能源提供了有效的解决方案，管理创新和社会创新在提高社会包容性、促进教育和金融普惠方面做出了贡献。中国在追求可持续发展的过程中，需要继续强化创新驱动发展战略，促进创新创造在各领域的深入应用。

15.2 创新解决方案与环境保护

15.2.1 环境保护中的创新技术

中国在环境保护和生态文明建设中积极采用创新技术与解决方案，以应对日益严峻的环境挑战。这些技术不仅覆盖污染治理和资源管理领域，还包括生态恢复和保护技术，为实现环境可持续发展提供了有力支撑。

1. 大气污染治理技术

（1）光催化技术：应用光催化剂在太阳光照射下分解空气中的有害物质，如二氧化氮和挥发性有机化合物（VOCs），减少大气污染。

（2）低氮燃烧技术：在工业锅炉和动力设备中采用低氮燃烧技术，有效降低氮氧化物的排放。

2. 水污染控制技术

（1）膜处理技术：采用纳米滤膜、反渗透膜等技术高效过滤和净化工业废水与城市污水，实现水资源的循环利用。

（2）生态净化系统：利用人工湿地等生态系统净化城市雨水径流和农业排水，恢复和保护水生态系统。

3. 固废处理与资源回收技术

（1）垃圾分类与资源化技术：推进城市固废分类收集和处理，采用生物质能、物理化学方法将垃圾转化为能源或再生材料。

（2）电子垃圾回收技术：发展先进的电子垃圾拆解和资源回收技术，实现贵重金属和有用材料的高效回收利用。

4. 生态修复和保护技术

（1）植被恢复技术：采用生物工程技术进行土壤修复和植被恢复，如在矿区和荒漠化地区实施绿化与生态恢复工程。

（2）野生动植物保护技术：利用卫星遥感、无人机巡查等现代技术监测和保护自然保护区及其野生动植物资源。

5. 智能环保监测和管理

（1）物联网（IoT）技术：构建环境监测物联网，实时监控空气质量、水质、噪声等环境指标，及时响应环境事件。

（2）大数据和云计算：利用大数据分析和云计算技术进行环境数据的收集、存储与分析，提高环境管理的效率和精准性。

通过这些创新技术和解决方案，中国正致力于构建绿色、低碳、循环的经济体系，实现环境保护和经济发展的双赢。未来，持续的技术创新和政策支持将是推动中国环境保护和生态文明建设进步的关键。

15.2.2 绿色技术与可持续生活方式的推广

绿色技术和创新实践在促进可持续生活方式与消费模式方面发挥了重要作用。通过提高资源利用效率、减少环境污染和加强环保意识，这些技术和实践为个人、社区以及更广泛的社会提供了实现可持续发展目标的途径。

1. 节能和减排技术

（1）家用能效产品：节能灯具、高效家电和智能家居系统等节能技术，能够显著降低家庭能源消耗，促进能源的有效利用。

（2）绿色建筑：绿色建筑技术，如太阳能集热、屋顶绿化、雨水收集系统等，能够提高建筑能效，减少建筑对环境的影响。

2. 清洁能源技术

（1）太阳能和风能：太阳能光伏板和风力发电技术的应用，为家庭和社区提供了清洁、可再生的能源选择，减少了对化石燃料的依赖。

（2）电动交通工具：电动汽车、电动自行车等电动交通工具的普及，不仅减少了尾气排放，也推动了交通行业的绿色转型。

3. 资源循环利用技术

（1）废物分类和回收：智能垃圾分类回收站和回收体系的建设，提高了废物的回收率，促进了资源的循环利用。

（2）共享经济：共享单车、共享汽车等共享经济模式的兴起，减少了资源消耗，促进了资源的高效利用。

4. 消费者行为引导

（1）环保标识和认证：绿色产品认证和环保标识使用，有利于消费者更好地识别和选择环保产品，引导绿色消费行为。

（2）公众教育和宣传：通过公众教育和媒体宣传，提高社会对可持续生活方式的认识和接受度，鼓励更多人参与到环保实践中来。

5. 创新实践案例

（1）城市农耕：在城市空间如屋顶、废弃地块开展城市农耕活动，不仅可以为人们提供绿色食品，也增强了城市居民与农业和自然的联系。

（2）零废弃生活：通过减少一次性产品的使用、选择可循环或可降解的产品、自制生活用品等方式，实践零废弃生活，减少环境污染。

通过这些绿色技术和创新实践的推广，可持续生活方式正在成为越来越多人的选择。这不仅有助于减轻对环境的压力，也促进了经济和社会的可持续发展。未来，持续的技术创新、政策支持和公众参与将是推动可持续生活方式进一步普及的关键因素。

15.3 创新创造在能源转型中的应用

15.3.1 可再生能源技术的创新与应用

中国在推动能源结构转型和促进可再生能源发展方面取得了显著成就。尤其在太阳能、风能和生物质能等领域的创新项目和技术应用彰显了中国在全球可再生能源领域的领导地位。

1. 太阳能技术创新与应用

（1）高效光伏材料：中国科研团队和企业在提高光伏电池转换效率方面取得了突破，如采用高效的硅晶材料和非硅材料（如钙钛矿），显著提升了光伏产品的性能和经济性。

（2）太阳能集成项目：在建筑一体化（BIPV）项目中，太阳能电池板被集成到建筑材料中，既发电又作为建筑材料使用，推动了太阳能技术的广泛应用。

2. 风能技术创新与应用

（1）海上风电开发：中国在海上风电领域取得了快速发展，通过建设大型海上风电场，有效利用沿海地区的风能资源。采用先进的风机设计和安装技术，提高了风电项目的经济性和稳定性。

（2）智能风电技术：利用物联网和大数据技术对风电场进行智能监控与维护，提高了风电的运行效率和可靠性。

3. 生物质能技术创新与应用

（1）农业废弃物能源化：通过生物质气化、液化技术，人们将农业废弃物转化为生物燃气、生物柴油等清洁能源。这既解决了农业废弃物处理问题，又提供了可再生能源。

（2）生物质发电：利用农林废弃物、有机垃圾等生物质资源进行发电，通过技术创新提高了生物质发电的效率和环保性能。

4. 创新项目案例

（1）"潘阳湖"太阳能光伏发电项目：这是世界上最大的水面漂浮式太阳能光伏发电站之一。它利用水面空间发电，有效减少了土地使用，水面的冷却效果还能提高光伏板的发电效率。

（2）"张北"风电基地：位于河北省张家口市，是世界上最大的风电场之一。该项目集风电、太阳能发电等多种可再生能源于一体，成为可再生能源综合利用的典范。

通过应用这些创新技术，中国正加速推进能源生产和消费革命，努力实现能源的清洁、低碳和高效利用，为全球能源可持续发展贡献中国智慧和中国方案。

15.3.2 能效提升与智能能源系统

在全球能源转型和碳中和目标的推动下，创新创造在提高能源效率和构建智能能源系统方面发挥了关键作用。中国作为全球最大的能源消费国之一，正通过引入和发展创新技术，推进能源的高效利用和智能化管理，以实现可持续发展的目标。

1. 智能电网技术

智能电网是将先进的信息通信技术集成到电网中，实现电力的高效、可靠和经济运行的现代电网系统。中国在智能电网的建设上已取得显著进展，包括如下方面。

（1）需求侧管理：通过智能表计、家庭和工业能源管理系统，实现用电信息的实时监控和分析，优化电力资源的分配和使用。

（2）分布式能源和微电网：推广太阳能光伏、风能等分布式能源的接入，以及微电网的建设，提高能源系统的灵活性和可靠性。

2. 节能建筑

（1）绿色建筑：采用节能材料、高效的建筑设计和智能控制系统，减少建筑能耗，提高居住和使用的舒适度。中国绿色建筑的发展已覆盖住宅、商业、公共建筑等多个领域。

（2）被动式建筑设计：利用自然光照、通风和建筑材料的保温性能，减少建筑对外部能源的依赖。

（3）智能建筑系统：通过智能控制系统对建筑内部的照明、空调、供暖等进行智能管理，实现能源的高效使用。

3. 能效提升技术

（1）高效能源设备：推广使用高效锅炉、变频器、LED照明等能效设备，减少工业和商业领域的能源消耗。

（2）能源审计与管理服务：提供能源审计和管理咨询服务，帮助企业识别节能减排的潜力，实施能效改进措施。

目前，中国正在优化能源结构，提高能源使用的效率和智能化水平，为实现能源的可持续发展和碳中和目标奠定坚实基础。未来，随着技术的持续进步和政策的进一步推动，能效提升和智能能源系统的应用将在中国乃至全球能源转型中发挥更加重要的作用。

15.4 社会责任与企业创新

15.4.1 企业社会责任与绿色发展

企业社会责任（CSR）是指企业在追求利润的同时，也考虑对环境和社会的影响，主动承担起改善社会、保护环境的责任。随着经济的快速发展和环境问题的日益凸显，越来越多的企业开始通过创新实践来履行社会责任，推动绿色发展和环境保护。

1. 绿色产品和服务

许多中国企业通过研发和提供绿色产品与服务来履行社会责任，这些产品和服务旨在减少对环境的负面影响。例如，家电企业推出高效节能的家用电器，建材企业生产低碳环保的建筑材料，汽车制造商开发电动车和混合动力车等。

2. 可持续供应链管理

企业不仅在自身运营中实施绿色发展策略，还通过要求供应链合作伙伴遵守环保和社会责任标准来推动绿色发展。例如，采购时优先选择符合环保标准的原材料，推动供应链上的小微企业提升环保管理和能效水平。

3. 环境保护和生态修复项目

许多企业参与或发起环境保护和生态修复项目，如植树造林、湿地保护、水源地保护等，通过这些实际行动直接贡献于生态环境的改善和保护。

4. 绿色技术创新

企业通过绿色技术创新来增强生产过程的环保效果，提高资源利用效率，减少废弃物排放，如采用清洁生产技术、循环经济模式、废物资源化利用等。

5. 员工和社区参与

企业鼓励员工和社区参与环保活动，如开展环保知识讲座、参加志愿服务等，提高公众对环境保护的意识和参与度。

6. 案例分析

（1）阿里巴巴的"绿色办公"：阿里巴巴集团在其办公和运营中实施了一系列绿色环保措施，包括使用节能设备、推广无纸化办公、采用太阳能发电等，同时通过旗下的"天天正能量"平台，鼓励社会公众参与环保活动。

（2）宁德时代的绿色能源解决方案：作为全球领先的新能源技术公司，宁德时代不仅在电池技术上进行创新，还致力于电动汽车和储能系统的环保应用，推动能源的绿色转型。

通过上述创新实践，中国企业不仅在履行社会责任方面取得了显著成就，也为绿色发展和环境保护做出了积极贡献，展现了企业创新和社会责任相结合的巨大潜力。

15.4.2 社会创业与可持续发展

社会创业是指通过创新的商业模式和策略来解决社会和环境问题的企业活动。社会创业家不仅追求经济效益，更重视对社会和环境的积极影响，致力于推动可持续发展。社会创业项目运用创新解决方案，在促进可持续发展方面发挥着越来越重要的作用。

1. 环境保护和资源管理

（1）循环经济模式：通过推广循环经济的商业模式，如废品回收利用、二手商品交易平台等，社会创业项目有效促进了资源的循环再利用，减少了废弃物的产生。

（2）绿色技术应用：社会创业项目通过开发和应用绿色技术，如清洁能源、生态农业技术、绿色建筑材料等，直接解决了环境污染和生态破坏问题。

2. 社会福祉和包容性增长

（1）改善农村生活：通过提供农村清洁能源解决方案、改善饮水和卫生条件的项目，社会创业不仅改善了农村地区的生活环境，还促进了农村经济的发展。

（2）促进教育平等：通过在线教育平台、移动图书馆等项目，社会创业家将优质教育资源送到偏远地区，促进了教育资源的均衡分配和社会包容性增长。

3. 促进健康和安全

（1）公共卫生项目：面对空气和水污染等环境问题，社会创业项目通过提供清洁炊具、净水设备等创新产品，有效改善了人们的健康状况。

（2）食品安全与可持续消费：通过建立有机农业、农场直供等模式，社会创业项目不仅保障了食品的安全性和可靠性，还促进了消费者对可持续生活方式的认知和认可。

4. 案例分析

（1）蚂蚁森林：作为一项基于支付宝平台的社会创业项目，蚂蚁森林通过用户的绿色行为积累"绿色能量"，用于在中国西北部等地区种植真实的树木。该项目既鼓励了个人的环保行为，也对生态恢复和碳减排做出了贡献。

（2）水滴筹：水滴筹作为一个在线医疗筹款平台，通过社会众筹为贫困患者提供医疗救助。该项目解决了医疗资源分配不均的社会问题，体现了社会创业在促进公共福祉方面的力量。

社会创业通过创新解决方案有效地解决了一系列社会和环境问题，展现了它在推动可持续发展方面的巨大潜力。未来，随着社会创新意识的提高和创新技术的发展，社会创业有望在实现经济、社会和环境三重底线的可持续发展目标中发挥更加关键的作用。

思考题

1. 可持续发展的核心挑战

在当前中国面临的环境和社会挑战中，你认为可持续发展的核心挑战是什么？这些挑战如何影响了中国的发展策略？

2. 绿色技术的应用

选择一个你认为对中国实现可持续发展具有重要意义的绿色技术（如太阳能、风能、智能电网等），分析这项技术的具体应用及其对环境保护和资源利用效率的影响。

3. 企业社会责任的实践

讨论企业在履行社会责任时可能面临的挑战，并提出你认为有效的解决策略。你是如何评价企业在推动绿色发展和环境保护方面的作用的？

4. 社会创业与可持续发展

选择一个社会创业项目案例，分析该项目如何通过创新解决方案解决了特定的社会或环境问题，并探讨该项目的可持续性和扩展性。

5. 能效提升的途径

在能源转型的背景下，讨论中国如何通过创新创造提高能源效率。你认为哪些措施或技术在提升能源效率方面最具潜力？

6. 消费者行为的变化

创新创造如何促进可持续生活方式和消费模式的变化？讨论政府、企业和消费者如何共同作用于推广绿色消费和减少环境足迹。

7. 未来展望

基于你对本章内容的理解，预测未来中国可持续发展的几个关键趋势。创新创造将如何继续在这一过程中发挥作用？

参 考 文 献

[1] 肖杨. 创新创业基础[M]. 北京：清华大学出版社，2022.

[2] 王涛. 创新创业基础[M]. 北京：清华大学出版社，2023.

[3] [英]东尼·博赞. 创新思维[M]. 北京：中国广播影视出版社，2023.

[4] 琳达·阿维德森（Linda Avedon）[美]. 创新思维与创新实践[M]. 北京：中国人民大学出版社，2023年.

[5] 陈春花. 卓越基因[M]. 北京：中信出版集团，2022.

[6] 张军瑾. 创造的力量：一所学校40年的创新坚守[M]. 上海：上海教育出版社，2020.

[7] [美]克莱顿·克里斯坦森. 创新者的窘境：领先企业如何被新兴企业颠覆？[M]. 北京：中信出版集团，2020.

[8] 朱学荣，郭宇，陈雪. 大学生创新基础教程[M]. 北京：北京师范大学出版社，2021.

[9] 陈彬，肖瑞平. 培养"领军人才"的道与术[N]. 中国科学报，2024-01-23(004).

[10] 孙一铭. 高等教育教学中学生设计思维能力培养探究[J]. 教育探索，2023(2).

[11] 廖梓程. "互联网+"视角下大学生创新创业教育理念的新定位：评《"互联网+"大学生创新创业基础与实践》[J]. 中国科技论文，2022，17(1).

[12] 高乐. 创新创业教育对大学生职业生涯意义的研究：评《大学生创新创业教育路径探究》[J]. 中国高校科技，2022(6).

[13] 相萌萌. 基于整体观的高校创新创业教育观念变革探索：评《"互联网+"时代高校创新创业教育》[J]. 科技管理研究，2020，40(21).

结语　创新到创造的旅程及其深远影响

创新到创造是一次充满挑战和机遇的探索之旅。它不仅影响着个人的职业生涯和事业发展，也深刻作用于行业的发展趋势和社会的进步方向。这一旅程始于人们对现状的不满足和对改进的渴望，通过不断学习、试验和实践，将创新的想法转化为具体的创造成果，最终实现价值的最大化。

1. 对个人的影响

对个人而言，创新到创造是一次自我实现和成长的过程。它要求个人持续学习新知识、掌握新技能，并勇于挑战旧有思维和传统做法。在这一过程中，个人不仅能够提升自身的创新能力和解决问题的能力，还能够增强适应变化和面对失败的韧性。成功的创造不仅带来职业上的成就感，更能够增强个人对于自身价值和社会贡献的认识。

2. 对行业的影响

在行业层面，创新到创造推动了技术进步和商业模式的革新，促进了行业的持续发展和竞争力的提升。通过引入新技术、开发新产品和服务，企业能够更好地满足市场需求，优化用户体验，从而在激烈的市场竞争中脱颖而出。此外，行业内的创新创造活动还能够带动相关产业链的发展，促进经济结构的优化升级，为社会创造更多的就业机会和经济增长点。

3. 对社会的影响

从更广阔的社会层面来看，创新到创造对于推动社会进步和应对全球性挑战具有不可估量的价值。无论是在提高能源效率、保护环境，还是促进教育公平、提升公共卫生水平方面，创新创造都为我们提供了有效的解决方案。通过跨领域的合作和知识共享，创新创造促进了人类可持续发展目标的实现，提高了全球社会应对未来挑战的能力。

创新到创造的旅程体现了人类不断探索未知、追求卓越的精神。它不仅深刻影响了个人的发展，也推动了行业的进步和社会的变革，为我们共同的未来开辟了无限的可能性。

在创新到创造的旅程中，持续学习、实践和创新精神的重要性不容忽视。这三个要素构成了创新创造成功的基石，为个人、企业和社会带来了持续的动力和无限的可能性。

1. 持续学习

在快速变化的世界中，新知识、新技术层出不穷。持续学习不仅是个人职业发展的需要，也是企业保持竞争力、社会实现可持续发展的前提。通过持续学习，个人能够不断更新知识体系，提高解决问题的能力；企业能够适应市场变化，引领行业创新；社会能够更好地应对环境变化和全球性挑战。

2. 实践

理论知识的学习需要通过实践来验证和深化。实践是让创新想法成为现实的过程，是检验学习成果的试金石。通过实践，个人能够将理论转化为实际技能，企业能够将创新想法转化为商业成果，社会能够将创新技术应用于解决实际问题。实践还能带来反馈，促进进一步的学习和改进。

3. 创新精神

创新精神是驱动创新创造的内在动力。它包括对旧有思维和做法的质疑、对新知识的好奇、对未知领域的探索和对失败的容忍。拥有创新精神的个人和组织能够不断挑战自我，突破限制，实现突破性的创新。创新精神还意味着持续不断地追求改进和完善，即使在成功之后也不满足于现状，而是持续探索新的可能性。

持续学习、实践和创新精神是创新到创造旅程中不可或缺的要素。它们相互促进，共同构成推动个人成长、企业发展和社会进步的强大动力。对于未来的创造者来说，培养和保持这三个要素的重要性不言而喻。只有不断学习、勇于实践和保持创新精神，人们才能在不断变化的世界中找到自己的位置，为社会带来更多的价值，推动社会进步。

对于踏上创新到创造旅程的未来创造者，这段旅程充满了挑战，同时也充满了机遇和希望。以下是对你们的一些提示和鼓励，希望能够在这个不断变化的世界中激发你们的潜力，成就你们的创造梦想。

1. 勇敢追求创新

不要害怕挑战传统和常规思维。真正的创新往往发生在离开舒适区、敢于质疑现状和探索未知的地方。保持好奇心，勇敢追求你心中的创新火花。

2. 坚持不懈

创新到创造的道路不会一帆风顺。面对挑战和失败，重要的是保持坚持不懈的精神，从失败中学习，在挫折中成长。记住，每一次尝试都是向成功迈进的一步。

3. 持续学习和适应

在这个快速发展的时代，今天的知识可能明天就会过时。持续学习不仅是获取新知识的途径，也是培养适应能力的过程。保持开放的心态，积极适应变化，让自己始终站在时代的前沿。

4. 跨界合作

创新往往发生在不同领域的交汇处，不要局限于自己的专业或行业，寻求跨界合作的机会，从其他领域获得灵感和知识。这将为你的创新旅程带来更多的可能性。

5. 贡献于社会

将你的创新创造力用于解决社会问题，不仅能够带来经济效益，更能实现个人价值，对社会产生积极影响。记住，每一个小小的创新都有可能改变世界。

6. 培养创新精神

创新精神是创造旅程中的灵魂。培养对新事物的好奇心，对挑战的勇气，以及对失败的宽容之心，让创新精神成为你前进的动力。

在这个充满无限可能的时代，每个人都可以是创造者。未来属于那些敢于梦想、勇于探索、不断创新的人。让我们携手在创新到创造的旅程中，共同创造一个更加美好的未来。